ネクスト・エンペラー

THE NEXT EMPEROR

中国「新三国志」

「チャイニーズドラゴン新聞」編集主幹
孔健
Koh Ken

ネクスト・エンペラー
中国「新三国志」

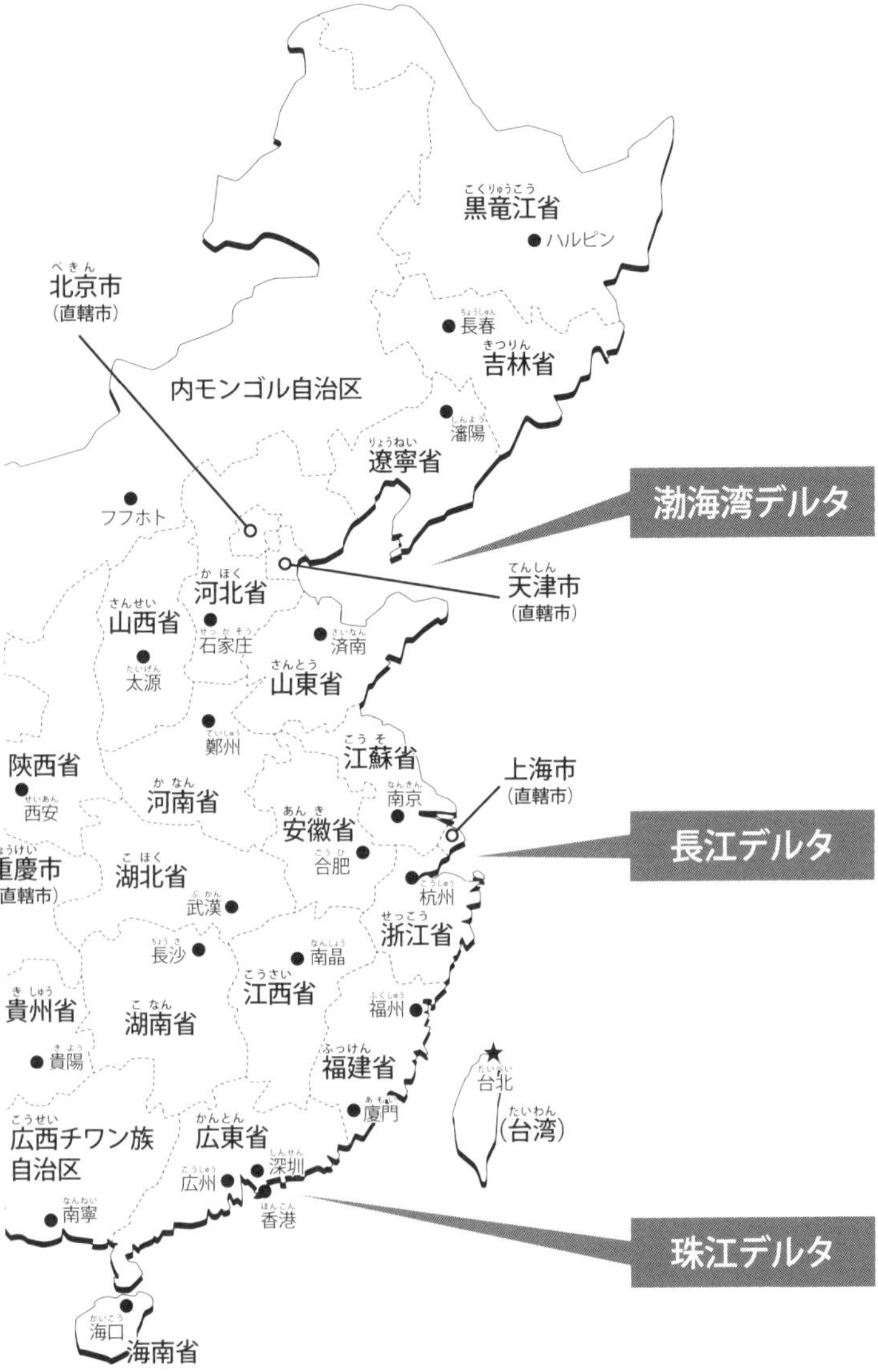
黒竜江省《こくりゅうこう》
ハルピン
北京市《ぺきん》
（直轄市）
長春《ちょうしゅん》
吉林省《きつりん》
内モンゴル自治区
瀋陽《しんよう》
遼寧省《りょうねい》
渤海湾デルタ
フフホト
河北省《かほく》
天津市《てんしん》
（直轄市）
山西省《さんせい》
石家庄《せっかそう》
済南《さいなん》
太原《たいげん》
山東省《さんとう》
鄭州《ていしゅう》
江蘇省《こうそ》
上海市
（直轄市）
陝西省
西安《せいあん》
河南省《かなん》
南京《なんきん》
安徽省《あんき》
長江デルタ
重慶市《ちょうけい》
（直轄市）
湖北省《こほく》
合肥《ごうひ》
杭州《こうしゅう》
武漢《ぶかん》
浙江省《せっこう》
長沙《ちょうさ》
南昌《なんしょう》
江西省《こうさい》
貴州省《きしゅう》
湖南省《こなん》
福州《ふくしゅう》
貴陽《きよう》
福建省《ふっけん》
台北《たいぺい》
廈門《あもい》
（台湾《たいわん》）
広西チワン族《こうせい》
自治区
広東省《かんとん》
深圳《しんせん》
広州《こうしゅう》
南寧《なんねい》
香港《ほんこん》
珠江デルタ
海口《かいこう》
海南省

■中華人民共和国

ウルムチ
寧夏《ねいか》回族自治区
新疆《しんきょう》ウイグル自治区
甘粛《かんしゅく》省
西寧《せいねい》
銀川《ぎんせん》
青海《せいか》省
蘭州《らんしゅう》
チベット自治区
四川《しせん》省
ラサ
成都《せいと》
雲南《うんなん》省
昆明《こんめい》

ネクスト・エンペラー
中国「新三国志」

［目次］

プロローグ――巨大で不可解な隣人

（ザ・リバティ編集部　里村英一）

天安門広場にて

二〇〇七年一一月二九日。中国・北京の天安門広場の上空は、雲ひとつなく晴れ渡っていた。

南北八八〇m、東西五〇〇m。五〇万もの人が集まれるこの世界最大の広場の一角で、孔健氏は呟《つぶや》いた。

「凧《たこ》を揚げている人もいれば、立ち止まって写真を撮っている人も大勢いる。天安門事件のころからは想像もできないね」

実際、広場のあちこちで凧揚げに興じている人たちがいる。記念写真を撮っている人たちはとても数え切れない。観光客に土産物を売りつけようとする者もたくさんいる。

一九八九年六月に起きた天安門事件（民主化を求める学生たちが弾圧された事件）後、中国の心臓部に位置する天安門周辺は厳戒態勢が敷かれ、立ち止まったり物を売ったり写真を撮ったりすることなどは厳しく禁じられた。筆者はたまたま事件当時に北京周辺を取材で訪れた経験がある。そのころは天安門広場で立ち止まって、カメラを掲げただけで警官が寄ってきて、すぐに立ち去るように言われたものだ。宿泊していたホテルの外壁には、生々しい弾痕があったことを記憶している。

そうした規制は、今はない（ただし、夜間は広場への立ち入りは禁止されている）。まさに隔世の感がある。

「あの天安門が中国の歴史を造ってきたんだよ」

孔健氏が指差す先には、毛沢東の肖像を掲げた朱色の建物、天安門が建っていた。

一九四九年一〇月一日、この門の上で毛沢東が中華人民共和国の建国を宣言した。以来、文化大革命、第一次天安門事件（周恩来追悼に集まった民衆が弾圧された事件）、そして天安門事件と、数々の中国現代史の舞台になってきたのが、この門だった。

「天安門が舞台になるときは、いつも中国が大きく揺れるときだった。次はどんな歴史の舞台になるのか、気になるね」

穏やかに話す孔健氏のまなざしには、どのような中国の未来が映っているのだろうか。

突然、天安門広場の前を通る東長安街の自動車の膨大な流れがとまった。奇妙な静けさが巨大な空間を覆う。毎日行われる日没の国旗奉納式が始まるのだ。天安門側から出てきた警備兵の一団が、警官によって自動車が通行止めにされている幅広い東長安街を整然と横切り、国旗掲揚台に辿《たど》り着いた。

これだけの目抜き通りを平日に通行止めにすれば、日本では市民から苦情が殺到するだろう。しかし、北京ではそうした光景は見られない。国旗掲揚台に群がった人たちが写真をとりまくる中、警備兵によって国旗は静かに降ろされていった。

穏やかな一日の終わりだった。そのまま、北京オリンピックへとスムーズに時が流れていくと私は思っていた。

しかし、二〇〇八年早々から、中国は激震に見舞われることになるのである。

毒ギョーザ事件発生

激震の第一波は日本で発生した。二〇〇八年一月末、千葉や兵庫県などで市販されていた中国製の冷凍ギョーザを食べた人たちが吐き気や下痢などの食中毒症状を訴え、五歳の女児が一時は意識不明の重体に陥るなど九人が入院していたことが明らかになったのだ。

警察が調べたところ、ギョーザとパッケージの一部から、有機リン系農薬「メタミドホス」が検出された。このギョーザはいずれも中国・河北省の「天洋食品」で製造されたものだった。このニュースが全国に広まると、パニックのような騒ぎが起きた。

スーパーからは売れ筋の冷凍食品が姿を消し、マスコミは要注意の冷凍食品リストを繰り返し報じた。レストランは慌てて中国野菜を廃棄し、ギョーザのみならず中国食品すべてへの厳しい対応が広がっていった。

当初、中国側の動きは異例といえるほどすばやいものだった。日本で事件が報じられるや時を置かず中国側の検疫官や警察が天洋食品に立ち入り検査・捜査を行った。メタミドホスが日本ではほとんど流通しておらず、成分も日本で使われるものとは違ったため、中国での製造工程で混入したものと見られ、日中協同の調査による早い事件解決が見込まれた。

中国側には急ぐ事情があった。それというのも、アメリカで中国製玩具による中毒事件が起きるなど中国製品に対する不信が世界中で広がり、それが北京オリンピックそのものへの不安にまでつながり始めていたからである。

加えて対日本でいえば、中国側には事件解決を急ぐ理由はもう一つあった。その段階で胡錦濤《こきんとう》国家主席が四月に来日することになっていたことである。中国の国家主席としては一〇年ぶりになるこの来日をなんとしても成功させねばならない。従って、毒ギョーザ事件は少しでも早く解決しておくべきだ、という事情があったのだ。

ところが二月後半になると中国側は一方的に「毒物は中国で混入したものではない」という見解を発表。その後、調査は遅々として進まず、二〇〇八年春の段階でこう着状態に陥っている。

当初の中国の積極姿勢が、ガラリと変わってしまったのはなぜなのか。この中国の〝背信行為〟は、多くの日本人に拭いがたい「不信」を植え付け、北京オリンピックを前に、中国旅行のキャンセルが相次いだ。日本だけではない。海外でも中国への不信は食品だけでなく空気や水など環境全般にまで及び、北京オリンピックのマラソン競技を忌避する選手が現れたり、選手の滞在場所として日本を希望する国が出始めている。

これだけ大きな犠牲を払ってまでも、なぜ中国は毒ギョーザ事件に関して「ほっかぶり状態」を続けるのだろうか。一般の日本人にはまったく理解できない状態が続いている。

そこに、さらにメガトン級の激震が中国を見舞った。それが三月に起きた「チベット騒乱」である。

チベットに対する中国政府のかたくなな態度はなぜか

二〇〇八年三月一〇日。中国のチベット自治区のラサで、チベット仏教の僧侶らがデモ行進を計画、これを当局が摘発して五〇人以上の僧侶が拘束されるという事件が起きた。ところが事件はこれで終わらなかった。僧侶らの拘束をきっかけに、逆に市民が抗議活動をはじめ、やがてこれが騒乱へと拡大し、市民多数が死傷するという大事件に発展してしまった。

中国政府の発表によれば、漢族を含む市民一八名と警官二名が死亡。一方、インドで活動するチベット亡命政府はラサだけで八〇名、各地の騒乱も加えると一四〇名のチベット人が治安当局に殺されたと発表した。

さらに事件は海外に波紋を広げた。「チベット独立問題」として北京オリンピックに絡められ、中国政府への抗議が瞬く間に世界中に広がったのである。その影響は世界各地を回る「聖火リレー」に最も強く表れた。中国政府に抗議する人々が聖火リレーを妨害する異様な光景が各地で見られた。

問題の本質はどこにあるかといえば、各国首脳が呼びかけていることに表れている。それは「中国政府とダライ・ラマ一四世との対話」の再開である。むろん、チベット動乱後五〇年近くを経ているだけに、チベットの分離独立が一朝一夕になるとは思えない。ただ、「まずは対話を」というプロセスは現実的なものだろう。しかし、中国政府は強硬な姿勢を崩さない。あたかも国際社会の世論に耳を閉ざしているかのようだ。

ギョーザ事件といい、チベット騒乱といい、対外開放路線を続ける胡錦濤政権が逆に「鎖国」、あるいは「攘夷」ともいえる路線にぶれているように見える。それを日本のマスコミは、「胡錦濤の腹黒さ」というレベルの答えで納得しようとしているが、果たしてそうなのだろうか。

結論を言えば、中国の迷走は、その独特の権力構造から来ているのである。この権力構造を理解することなくして、中国の政治も経済も、戦略も絶対に理解することはできないのだ。

日本人の想像を絶する中国の権力闘争

もし、ギョーザ事件で胡錦濤政権が「謝罪」を口にし、犯人逮捕を強引に進めればどうなるか。あるいは、チベット問題でダライ・ラマ一四世との対話に向かい、チベット民族の「高度な自治」を認める方向で動けばどうなるか。

日本はもとより各国で中国のイメージは格段に改善するだろうし、北京オリンピックの無事開催への大きな追い風になるだろうことは想像に難くない。にもかかわらず、なぜそうした行動に出ないのか。

その理由は、「新三国志」とでも呼べるほどすさまじい現代中国の権力闘争にある。具体的にいえば、胡錦濤国家主席率いる改革志向の共産主義青年団グループと江沢民・前国家主席率いる守旧・保守派の上海グループ、そして幹部子弟の集まりである太子党。この三つのグループによるパワーゲームによって中国政府は時に対外融和・開放的な動きに出たかと思えば、時に愛国主義に基づく閉鎖的な動きに出、さらに周辺国を呑み込もうかという中華帝国さながらの行動に出ることになる。中国の政治も経済も、そして戦略もこの「中国の新三国志」を知らずして、絶対に理解することはできないのだ。

本書は、中国人知識人によって書かれた、日本人にとって隣人であると同時に不可解な国・中国の政治権力に切り込んだ本であり、現代中国を知る上で欠かせない本である。

日本人からすれば、中国の一方的な考え方に唖然とさせられたり、憤慨させられたりするような記述も数多く出てくる。だが、これが良くも悪くも中国の現実なのだ。この本をあなたが読み終える頃には、きっとあなたの目に、中国の未来が映っていることだろう。

［第1章］

ニュー・ジェネレーション登場

――共青団派、上海派、太子党の新三国志

波乱の第二期胡錦濤政権

二〇〇七年一〇月、中国共産党の第一七回党大会（五年に一度開催）、およびそれに続く中央委員会総会が北京の人民大会堂で開催された（※）。今回は、共産党の中枢である中央委員会政治局委員の人事が行なわれ、第二期目となる胡錦濤《こきんとう》政権の新たな顔ぶれが揃った。

この共産党大会を受けて、さらに翌〇八年三月には、日本の国会に当たる第一一期全国人民代表大会（全人代）が開催された。立法機関である全人代、行政機関である国務院、司法機関である最高人民法院および最高人民検察院、軍を統率する国家軍事委員会など、あらゆる政府部門の責任者の選出がここで行なわれた。

全人代の終盤、チベットで騒乱が起きるなど、波乱の閉幕となったが、ともかく、昨秋から今春にかけての動きで、中国の新指導部の体制が整ったわけだ。国家主席は胡錦濤、全人代委員長は呉邦国《ごほうこく》、国務院総理は温家宝《おんかほう》がそれぞれ再選された。

さて、この共産党大会と全人代は国の内外から大きな注目を集めた。それというのも、「中共第五世代」と呼ばれる若い人たちのうち、誰が新指導部に顔を連ねるのか。それによってポスト胡錦濤政権の顔ぶれが見えてくるからである。

新指導部入りが最有力視されていたのは、胡錦濤総書記と同じ共産主義青年団（共青団）出身で、遼寧《りょうねい》省党委員会書記の李克強《りこくきょう》だ。彼は胡錦濤の信任も厚く、「ミニ胡錦濤」とも呼ばれたりしている。若手のホープであり、共産党の最高意思決定機関である政治局常務委員に選出されるのは確実と目されていた。そして事実、彼は常務委員の序列の第七位として選出された。

※共産党大会と中央委員会総会
五年に一度、全国から共産党の代表（今回は約二二一七名）が集まる全国代表大会（党大会）が開かれ、中央委員会および中央規律検査委員会を選出する。そして、数百名からなる中央委員会（現在三六九名）は、党大会の閉会中に中央委員会全体会議（中総会）を開いて、さらに政治局委員（現在二五名）、政治局常務委員（現在九名）を選出する。例えば、第一七回党大会の体制下で開催された一回目の中総会は「一七期一中総会」と呼称される。

習近平抜擢のサプライズ人事

しかし、ここでサプライズが起きた。同じく第五世代で上海市党委員会書記の習近平《しゅうきんぺい》が「二階級特進」で常務委員入りを果たしたのである（ちなみに李克強も二階級特進）。もちろん、彼にしても実績からして政治局入りは時間の問題と見られてはいたが、李克強と同じく常務委員となり、しかも序列は李克強より上の第六位。これは誰の眼にも驚きだった。そして三月の全人代では国家副主席に選出された。五年後に国家主席になることを約束されたに等しい。

今回、中国国内はもとより、世界のチャイナウォッチャーはほとんど李克強の処遇に注目しており、習近平の抜擢はダークホース的な驚きを与えた。そのため、いま世界中の政治家やマスコミは「Who is Xi?（習って誰だ?）」とささやき合っている。

党大会でのライバル二人の挙動も対照的だった。

習近平は党大会のテレビ中継の間、ずっと黙っていた。反対に李克強はいろいろ話し通しだった。習は「耳」が中心の聞くタイプ。李は「口」が中心でしゃべるタイプだ。

実は、中国では通常、しゃべるタイプのリーダーは印象が悪い。風格に欠け、ナンバー1になれない人材だと思われてしまいがちだ。現在の指導者、胡錦濤は李克強のこうした傾向をよく知っているだろう。

それにしても、次世代トップは李克強と衆目のみるところ一致していたのに、どうして習近平が踊り出たのだろう。習近平の登場を予想だにしなかった人たちは、「習近平が共産党の総書記になるとしても、李克強も国務院総理（日本の総理大臣に相当）にはなるだろう」と予想が外れたことの言いわけをしている。確かにそうかもしれない。実際、李克強は三月に開かれた全人代で国務院第一副首相に選出された。これは将来の総理コースである。これからは、順当にいけば、習近平と李克強の二人で中国をリードすることになるだろう。

胡錦濤の戸惑い

しかし、習近平の抜擢に当たって、胡錦濤に若干の戸惑いが見られたのもまた事実である。それは習近平が、三月の全人代で国家軍事委員会副主席のポストを逃したことに表れている。彼の軍事副主席選出はほぼ決定だと思われていたのだが、そうはならなかったのだ。

いったい、胡錦濤は何を考えているのか。その思惑について様々な憶測が流れている。その憶測とはどのようなものかというと、習近平は次節で述べるように、軍部とのコネクションが非常に太い。その彼をあまり早い時期に軍の重要ポストに就けると、胡錦濤の軍権掌握力が分散してしまう可能性があるのだ。これを胡錦濤は懼《おそ》れているのである。胡錦濤は国家主席および軍事委員会主席の座から降りるまでの今後五年間、今の体制を維持して権力分散を防ぐつもりなのか。それとも習近平をしばらく（一、二年）鍛えてから軍事副主席にするつもりなのか、結論はまだ見えない。だが、中国政治の原理原則から言って、五年間の権力独占はやはり考えにくく、近い将来、習近平は軍事副主席に就任すると思われる。

もう一つ憶測がある。それは、まだ習近平を次期国家主席と決めたわけではなく、これから時間をかけて「李克強と習近平とのどっちが出てくるかを見極めようとしている」という三つ目の可能性だ。李克強にもやはりまだ可能性を残しているということだ。

つまり、「胡錦濤の五年間の軍権掌握」「一、二年間、習近平を鍛える」「様子を見て李克強の可能性を残す」という三つの可能性があることになる。最後の場合は（国のトップが）再逆転するということもあるということだ。

習近平と軍のコネクションを警戒か

胡錦濤が本当のところ、何を考えているかは大きな謎だ。あまり早いうちから、一人の人物が軍の人心を掌握するのは不健全だと考えているのかもしれない。習近平の父、習仲勲《しゅうちゅうくん》元副首相は、国共内戦や抗日戦争で活躍した軍人である。さらに習近平の妻、彭麗《ほうれい》媛《えん》はもともと軍属の国民的人気歌手であり、この父と妻を通じて彼は軍隊に太い人脈があるのだ。そして習近平自身、若い頃は軍事委員会のオフィスで働いていた経歴もある。

胡錦濤は「妻が元軍属だから二人を組ませてはいけない。妻を利用して人気を得る」と警戒している可能性が高い。アメリカのクリントン夫妻のようだが、夫婦で陰と陽のバランスを取り、人心を掌握するというわけだ。これを警戒するとすれば、軍事的権力を現時点で習近平に確約するのは時期尚早ということになる。

ただ、軍事副主席はともかく、習近平は胡錦濤国家主席に次ぐ地位である国家副主席に任命され、ポスト胡錦濤の最有力候補になったことは間違いない。同様に、幹部養成機関である中央党校の校長、北京五輪の責任者である「北京五輪指導小組」組長（プロジェクト・リーダー）も務めている。

習近平は党大会で彗星のように中央に登場してから、すぐ胡錦濤と各所への挨拶周りを始めている。共産党の中央党校にも出かけて重要講話を行った。中国の国営通信社である新華社のＨＰにある「習近平活動報道集」でその時の様子をみると、完全に胡錦濤の後継者然としている。五、六年前に胡錦濤も同じページに出ていたが、それとまったく同じ雰囲気だ。

李克強の方は、党ではなくて国務院、日本で言うところの霞ヶ関の人々を訪問している。温家宝の補佐として経済会議などに顔を出しているようだ。これも同じ「李克強活動報道集」に出ている。中国も最近は、こうした情報をすべて開示するようになってきた。昔とはえらい違いだ。

日本人にはなじみの薄い「政治協商会議」

もう一つ、中国には「中国人民政治協商会議」（政協）という組織がある。これは現在の全人代が五四年に組織されて「中華人民共和国憲法」が制定される以前に、その代わりをしていた組織である。日本人には馴染みが少ないが、その後も言わば政策提案機関として存続している。全人代を日本の衆議院に例えるなら、こちらは参議院（あるいはアメリカの上院）のようなものだと思えばよい。要するに様々な提案をするだけの機関であり、その歴史からして権威はあるが大きな実権はない。

この政治協商会議の人事も全人代で取り沙汰され、主席に江沢民《こうたくみん》派の賈慶林《かけいりん》が再選され、筆頭副主席にはこちらも江沢民派の王剛《おうごう》が選出された。賈慶林は福建省の書記を経験しており、習近平の前任でもある。これをもって胡錦濤が江沢民派に敗北したものとみる向きもあるが、そうとばかりも言えない。むしろ江沢民派を入れて、政治的なバランスを取ったとみるべきだろう。

太子党の躍進

今回の中国の人事で驚かされたことは、習近平の抜擢だけではない。それ以上に注目される特徴が二つある。

一つは博士号を持つ人材がとても多いということ。これは中国の政治や行政が非常に効率化・高度化していく方向を示している。これは極めて重要なので第四章でまた論じよう。

もう一つのサプライズは、「太子党《たいしとう》」が多いということだ。太子党とは、中華人民共和国建国に関わった共産党高級幹部の子弟のことだ。日本風に言えば二世議員とでも言おうか。進学や就職にも特別の便宜が図られるなど、特権階級となっており、太子党同士のつながりも深いという。

例えば今回、毛沢東の孫である毛新宇《もうしんう》が胡錦濤の許可で政治協商委員になった。胡耀邦《こようほう》の息子、鄧小平の息子などはみんな政治協商会議の副主席になった。中でも一番目立つのは李鵬《りほう》の娘の李小琳《りしょうりん》だ。中国の電力事業を仕切る責任者の一人（中国国際電力公司主席）となっているが、ファッショナブルな人で、服をひんぱんに着替えたり派手な帽子を被ったりしている。

胡錦濤は、太子党を利用しなければ、自らの政治的基盤を安定させることはできないということを、実によく理解している。現在、中国政治の舞台では、胡錦濤を代表とする共青団派と、江沢民派（上海派）とが、共青団派が優勢ではあるが暗闘を繰り広げていると言われている。しかし、太子党の起用ならばどこからも反対が出にくい。その意味で緩衝材としての役割が太子党にはあるのだ。

太子党の躍進は政治協商会議に限らない。軍の中にも太子党がたくさん入った。例えば、劉少奇《りゅうしょうき》の子である劉源中《りゅうげんちゅう》、張震《ちょうしん》の子である張海《ちょうかい》、彭雪楓《ほうせつふう》の子である彭小楓《ほうしょうふう》などがいる。人民解放軍の重要ポストの多くが太子党で占められた。ここが胡錦濤の賢いところだが、自分の政権を安定させるために太子党を多く登用したのだ。

激しく対立する共産主義青年団と上海派

中国では常に激しい派閥闘争が繰り広げられてきた。「経世会」や「宏池会」などの日本の派閥とは異なり、中国の派閥は会則などが整った正式な団体ではない。しかしやはり、出身校、地縁、職縁などを通じて政治派閥は形成される。

共青団派（団派）とは、共産主義青年団でのつながりを通じて形成された政治派閥である。共青団は一九二二年に結成された中国共産党の青年組織だ。各地方政府、軍や学校などの各部門ごとに共青団組織は存在し、北京にある共青団中央委員会をその頂点とする。共産主義の思想を学ぶかたわら、ボランティア活動などを行っている。

これが、共産党幹部を目指すためのエリート養成機関となっており、実力一本で上がってくる傾向が他の派閥よりも強い。胡錦濤国家主席自身が共青団出身であることもあり、現在の中国では中央や地方でこの共青団出身者の進出が著しい。胡錦濤の他には、李克強、李源潮《りげんちょう》、劉延東《りゅうえんとう》などが有名だ。

現代中国政治の一方の雄は、江沢民前国家主席の影響が強い上海派である。江沢民は八九年に総書記に就任して以来、自らの地盤である上海から次々と子飼いの人物を中央に抜擢することで上海派と呼ばれる派閥を形成するに至った。曾慶紅《そうけいこう》、賈慶林、李長春《りちょうしゅん》、黄《こう》

■現代中国・派閥争い

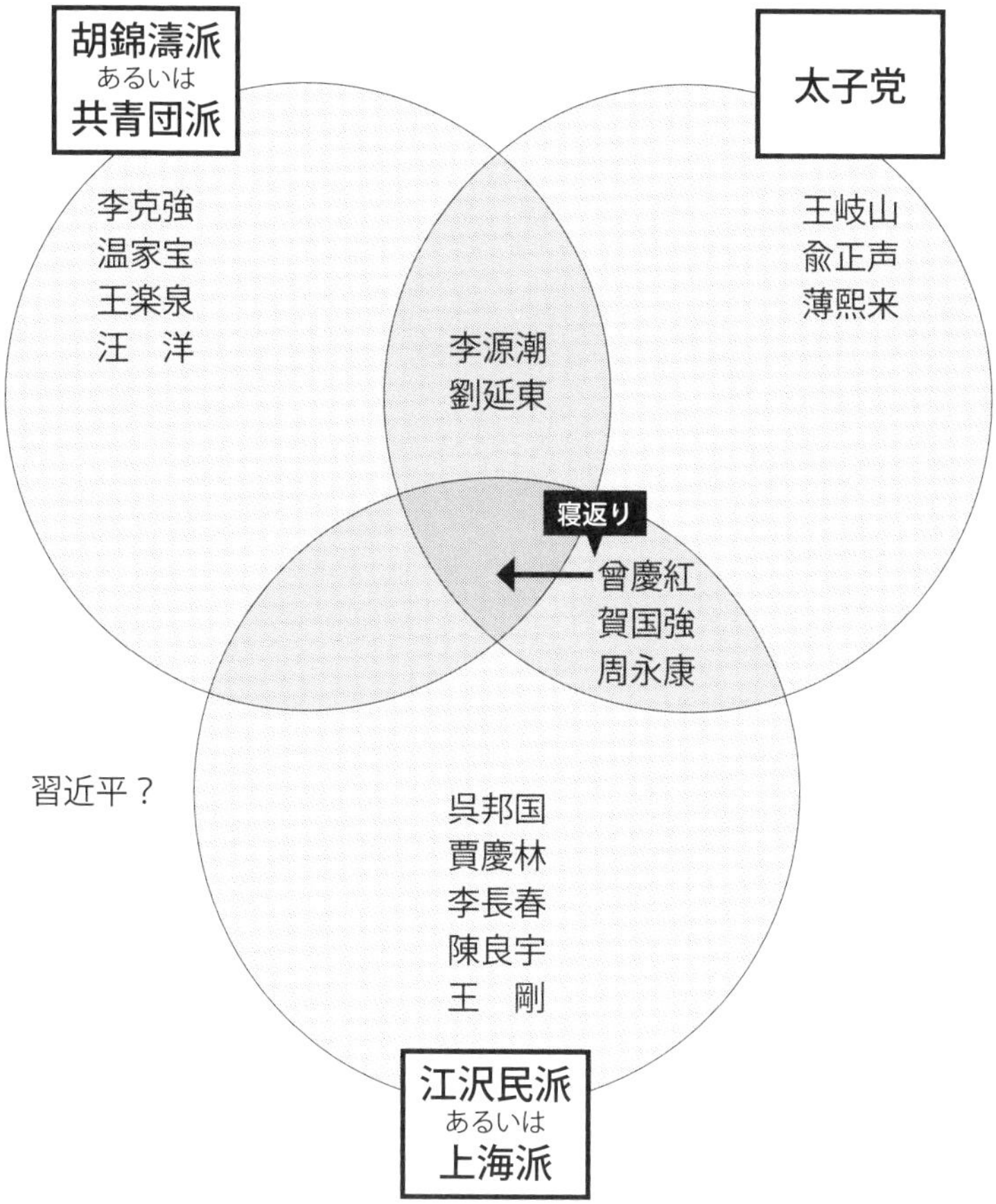
胡錦濤派
あるいは
共青団派
太子党
李克強
温家宝
王楽泉
汪　洋
王岐山
兪正声
薄熙来
李源潮
劉延東
寝返り
曾慶紅
賀国強
周永康
習近平？
呉邦国
賈慶林
李長春
陳良宇
王　剛
江沢民派
あるいは
上海派

菊《きく》（〇七年死去）などがその代表であるとされる。江沢民と曾慶紅の二人から始まった上海派だが、上海財界との深いつながりがあり、巨大な利権集団と化している。ここ十数年、中国政治を牛耳ってきた実績があり、〇六年以降の「上海大地震」（後述。上海を舞台に巨額の汚職とその摘発があった事件）で大打撃を受けたが、今なおその影響は強い。

共産党一党独裁の仕組みはこうだ

ここで、中国の政治機構、政治の仕組みをおさらいしておこう。中国にも建前上、立法、行政、司法の三権は存在する。しかし中国では、これらの上に共産党が君臨し、事実上、他の三権は共産党の強力な指導下に置かれることになっている。

中国共産党は一九二一年コミンテルンの指導によって結党され、中国大陸における共産主義の樹立を目指して、旧日本軍や国民党との戦いを繰り広げてきた。四五年に日本が敗戦によって引き上げた後、四九年に中華人民共和国を建国し、蒋介石《しょうかいせき》率いる国民党政府を打倒して台湾に追いやることに成功した。その後、形の上では西欧式の国家機構を整えたが、実際は三権すべてを支配する強力な一党独裁体制が敷かれている。

中国に「三権」はあるが

■中国国家機構図

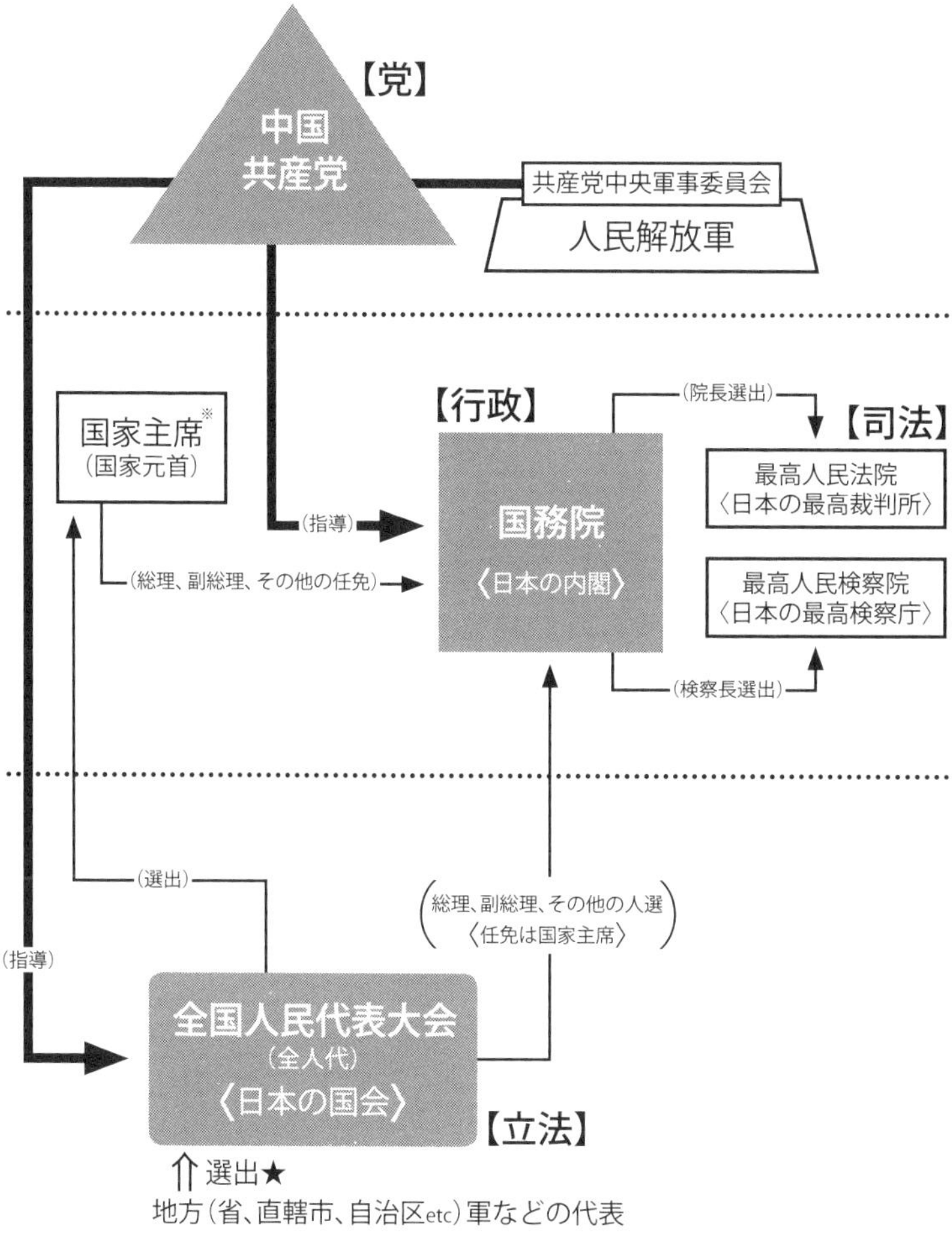

※国家主席は、中国を対外的に代表する憲法上の国家元首とされるが、その役割は、特赦令、戒厳令の発布、法律公布、首相、副首相などの任命、条約の批准など、儀礼的なものが多い。江沢民以来、共産党総書記が国家主席を兼ねる慣例となっている。

★全人代の代表選出においては、各団体組織の共産党委員会(党員)が人事権を持つ。

憲法上、「最高の国家権力機関」と規定されているのが、前述した「全国人民代表大会」（全人代）であり、これは日本の国会に相当する。代表的な職権として、憲法の修正、法律の制定、国家主席・副主席の選出、国務院総理（及びその他国務院構成員）の人選、国家中央軍事委員会主席（及びその他構成員）の選出などを行うとされる。

また、日本の内閣に相当する行政機関が「国務院」であり、最高国家権力の執行機関である。法律に基づいて行政措置などを行う。総理、副総理若干名、国務委員若干名、各部部長（日本の大臣に相当）、各委員会主任（部を横断する調査機関）、秘書長などにより構成される。国務院の下に、日本の省に相当するそれぞれの部が存在する。

そしてもちろん、日本の裁判所に相当する人民法院もある。こう言うと、近代的な三権分立制度が確立されているように思えるかもしれない。しかし、実際はそうなっていないのだ。

張り巡らされた共産党委員会（党委）による支配網

日本や他の国と大きく異なる、中国特有の事情がある。それは、中央官庁、地方の行政機関、郵便局、税務署、国有銀行、大学などの教育機関、研究機関、警察、メディア、各種の社

■中国共産党の中央組織構造図

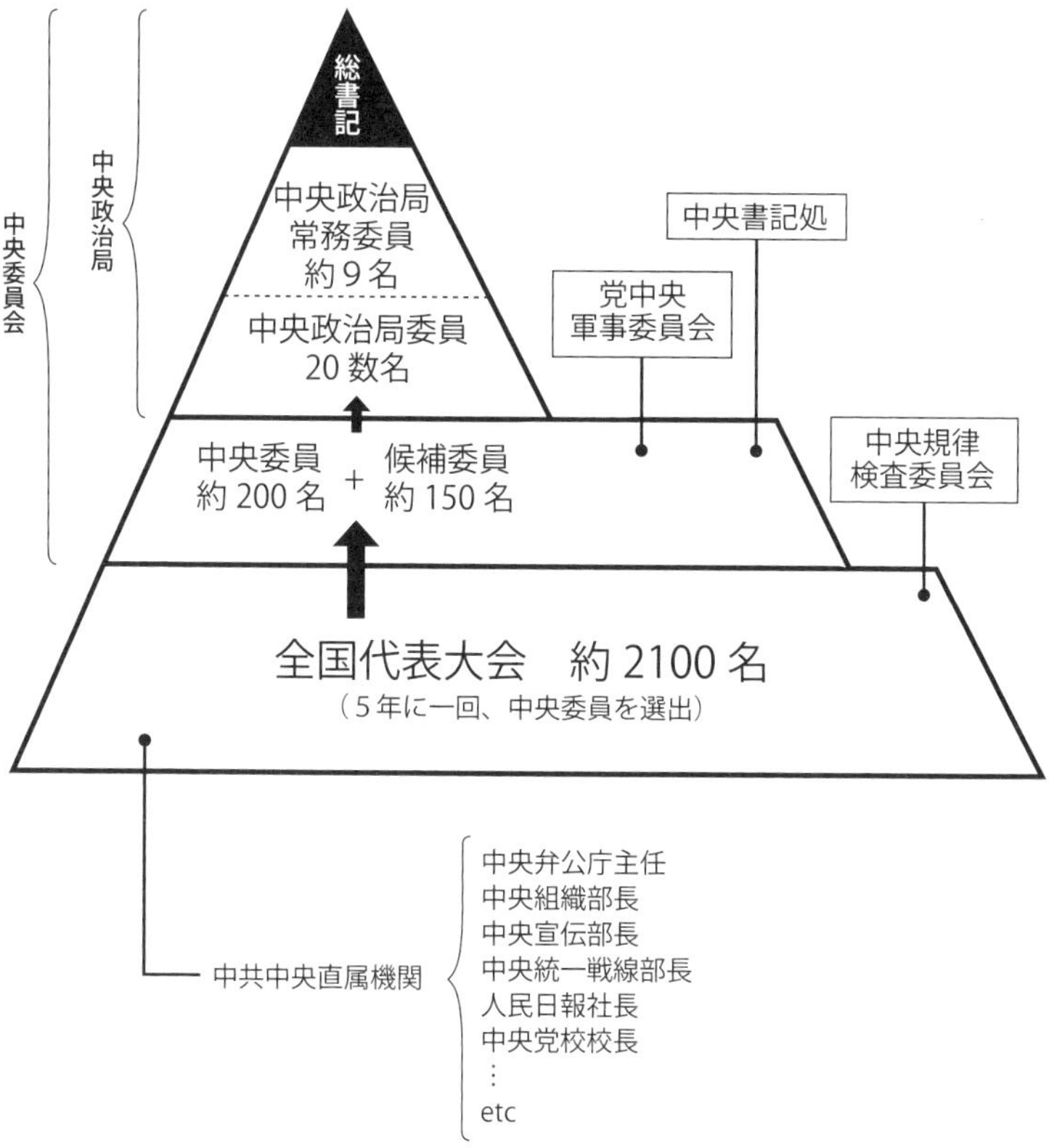

会団体など、ありとあらゆる公的組織には「共産党委員会」(党委)が設置されており、人事権などを握っているという事実だ。

党の規則によると、党員が三人以上集まったところでは「支部」と呼ばれる末端組織をつくることができる。さらに支部の上に「総支部」がある。この各総支部を統括するのが、さまざまな組織に設置された党委員会である。

こうした事情であるから、共産党員ではない人間はそもそも出世できないし、何かその組織の「代表」として選出されることはあり得ない。「最高の国家権力機関」である全人代に選ばれる場合も同じだ。全人代は、各省、各直轄市、各自地区、軍隊等から選ばれた代表から構成される。当然のことながら、これらの代表も各母体組織の党委による推薦がなければ全人代入りすることは不可能である。したがって、全人代のほとんどすべてが(お飾りの友党以外は)共産党員であり、日本の国会のように複数の政党がしのぎを削るということはあり得ない。事実、共産党の提示した法案などをただ承認するだけの全人代は、長く「ゴム印」会議と揶揄《やゆ》されてきた。

憲法上、全人代が様々な職権を有しているように見えても、結局は共産党の指導の下でそれらを行使しているに過ぎない。そして当然のことながら、中央官庁にも多数の党委員会があり、行政機関である国務院も共産党の支配下にある。司法機関もまったく同様だ。こうして、中央政府、地方政府、市町村と全国隅々まで共産党の支配網は張り巡らされて

■国務院の仕組み

国務院

国務院常務会議メンバー

- 総理　1名
- 副総理　若干名
- 国務委員　若干名
- 秘書長

各部・部長

各委員長・主任

審計署審計長

国務院弁公庁

（秘書的な仕事を担当）

各部

- 外交部
- 国防部
- 教育部
- 科学技術部
- 公安部
- 国家安全部
- 監察部
- 民政部
- 司法部
- 財政部
- 人事部
- 国土資源部
- 建設部
- 鉄道部
- 交通部
- 信息（情報）産業部
- 水利部
- 農業部
- 商務部
- 文化部
- 衛生部

（日本の省に相当）

各委員会

- 国家発展・改革委員会
- 国防科学技術工業委員会
- 国家民族事務委員会
- 国家人口・計画生育（計画出産）委員会

（部を横断する調査機関）

直属機構

- 海関総署
- 国家税務総局
- 国家工商行政管理総局
- 国家質量監督検験検疫局
- 国家環境保護総局
- 中国民用航空総局
- 国家広播電影電視総局（ラジオ、映画、テレビ）
- 国家新聞出版総署（国家版権局）
- 国家体育総局
- 国家統計局
- 国家林業局
- 国家食品薬品監督管理局
- 国家安全生産監督管理局
- 国家知識産権局
- 国家旅遊（観光）局
- 国務院宗教事務局
- 国務院参事室
- 国務院機関事務管理局

（各部・各委員会で処理できない問題を処理。規模などの点から部や委員会と区別される）

いるのだ。

共産党党員七〇〇〇万人。一三億人を支配する

では、共産党内部の構成はどうなっているのだろうか。

公表されている数字によると、全国の共産党員は七〇〇〇万人以上（全人口の五％強）であるとされ、名実共に世界最大の政党である。その一般党員の中から選ばれた代表（今回は二二一七名）が、五年に一度開催される共産党全国代表大会へ参加する。そこでさらに共産党中央委員数百名（今回は委員二〇二名、候補委員一六七名の計三六九名）を選ぶ。その中央委員会が中央政治局委員（現在二五名）を選出、その中からさらに政治局常務委員（現在九名）を選出する。この政治局常務委員が事実上、中国という国の最高意思決定機関であり、まさに国家の心臓部である。

中国は言うまでもなく一三億人という地球で最大の人口を持つ国だが、その一三億人を七〇〇〇万人の共産党員が支配し、さらに言えばその共産党を九名の政治局常務委員が牛耳っている。これが共産党独裁といわれる所以《ゆえん》だ。

各国家機関の重要ポストは共産党エリートが兼任

■全国人民代表大会の構成

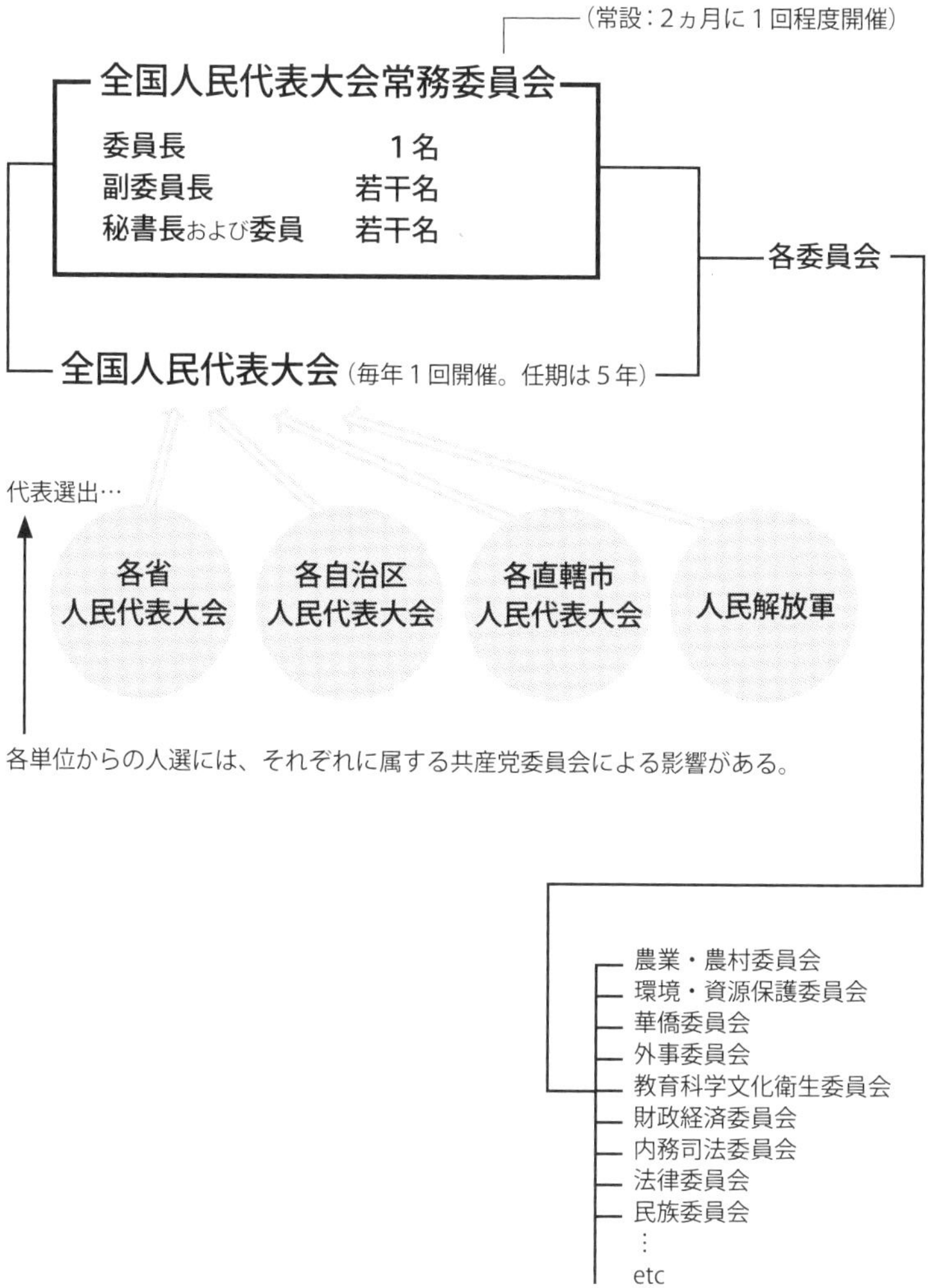

共産党中央委員の数百名は、立法、行政、司法を問わず、各国家機関の重要ポストを兼任し、これにより共産党の一党独裁が貫徹されている。

特に分かりやすいのは、頂点に立つ政治局常務委員だ。常務委員ナンバー1の胡錦濤が、共産党のトップである総書記、国家のトップである国家主席、軍のトップである国家中央軍事委員会主席を兼ねている。ちなみに共産党ナンバー2の呉邦国は全人代常務委員長、ナンバー3の温家宝が国務院総理（首相）、ナンバー4の賈慶林は政協主席を兼ねている。

胡錦濤は、国家主席を兼ねているが、国家主席は全人代で選ばれるもので、長く廃止されていたこともある変転の激しいポストだ。対外的に中国を代表する憲法上の国家元首である。ただし、日本人には分かりづらいだろうが、中国内部においては、あくまで共産党が国家を指導するという制度になっているため、党の総書記の方が国家主席より上になる。

人民解放軍は中国の軍隊ではない!?

この中国独特の共産党と国家の関係は、軍との関係においても表れる。

人民解放軍は国家の軍隊ではなく党の軍隊であるとよく言われる。形式上、人民解放軍を統率する「国家中央軍事委員会」があり、その主席は全人代によって選ばれることになっている。しかし実は、共産党中央委員会が選出する「党中央軍事委員会」という組織があり、先ほどの「国家軍事委員会」とはまったく同一メンバーなのである。全人代を待つまでもなく、軍を統率する人選は党によって予め行われているというわけだ。

以上が共産党による一党独裁の実態である。党の組織を国の末端にまで浸透させ、その意に反する人物が支配層に入ってくるのを防ぐ。そして国家中枢の重要ポストには共産党中央委員を配置して、全人代、国務院、人民解放軍などを自らの指揮下に置いているのだ。

胡錦濤の説く「和諧《わかい》社会」とは何か

こうして、共産党は広大な中国を強権的に支配してきた。七八年以降、鄧小平によって経済においては「改革開放」路線が採用されても、政治的には相変わらず独裁国家であった。しかしここ数年、中国社会に大きな変革の兆しが見られる。それこそが胡錦濤の主導する「和諧社会」建設の動きである。

彼は、世界との「和平」、国内の「和合」を合わせて「和諧社会」を建設すると説いている。これが彼の根本的な価値観なのだ。彼は和諧社会について「民主法治が実現され、公平正義で、誠心友愛に溢れ、活力に満ち、秩序があり安定し、人と自然が調和されている社会」であると述べている。

さらに胡政権は和諧社会において成就させるべき「五つの調和」を掲げている。①都市と農村の調和、②地域と地域の調和、③経済と社会の調和、④人間と自然との調和、⑤国内発展と対外開放の調和、がそれである。

これらの意味するところは明白だ。江沢民時代には経済的成長が最優先され、その過程で生じる社会的矛盾や不調和はあえて黙殺されていた。胡錦濤はこれを逆転させる。健康的な社会建設を最優先し、経済的成長をそれに従属させようということだ。

経済的には、極端な格差の解消、荒廃した農村の再建などがここに含まれる。また、経済至上主義によって生じた自然環境破壊にも一定の歯止めをかけ、「自然との調和」を図る。さらには、江沢民時代に目立った対外強硬路線をある程度まで抑え、世界との「和平」をも目指すというのだ。

胡錦濤は完全な民主化を志向している?

そして「民主政治」という言葉もあるように、胡錦濤が一定の範囲内ではあるが、政治体制の民主化を図っているのは事実だ。さらには、和諧社会建設には「政府機能の有限化」が必要であるとも語られている。言わば「小政府」を志向しているわけだ。

善意に解釈すれば、彼はおそらく、将来の理想として、中国でも西欧型の完全民主主義を実現することを思い描いているのではないだろうか。ただソ連の前例もあるように、急激な改革は国の存立をも危うくし、かえって混乱や悲劇を引き起こす恐れもある。

近い将来において実現可能と考えられるのは、党内選挙の民主化や、地方政府における選挙の段階的導入などだろう。しかし、彼自身の政権時代はともかく、将来のビジョンとしては、人民の国政選挙を含む完全な民主化を志向しているはずだ。

胡錦濤という男

二〇〇八年五月に、中国の国家主席としては一〇年ぶりに日本を訪問する胡錦濤という人間について、ここで少し触れておいた方がいいだろう。

彼は四二年江蘇《こうそ》省に生まれ（祖籍は安徽省※）、清華大学の水利工程学部を卒業している。六四年に共産党に入党し、大学卒業後は甘粛省にある水力省直属の水力発電所に務めた。その後、共産主義青年団のリーダーとして長く活動している。

八四年に貴州省党書記に抜擢され、八五年にはチベット自治区党書記となる。八九年、チベットで大規模な暴動が発生した際にこれを鎮圧し、中央党指導部の信頼を勝ち得た。そして九二年、鄧小平の指名により、第一四回党大会で政治局常務委員となり、次世代リーダーとしての地歩を固めた。

※胡錦濤の出身地
実際に彼が生まれたのは江蘇省であり上海と近い。また実は、父の商売の関係で主に上海で育っている。しかし民衆から批判の多い上海派との距離を置くため、先祖の祖籍がある安徽省出身と称していると言われる。

病気で道が拓けた！

あまり知られていないが、胡錦濤はチベット勤務によって高山病になり、しばらく北京で静養していた期間がある。ちょうど九〇年頃だ。その頃は胡耀邦や趙紫陽などの改革派、あるいは共青団派などは、江沢民派の勢いでほとんど全滅していた。

胡錦濤の立場はまだはっきりしていなかったが、ともかく病人であった彼は誰にも相手にされなかった。そんな中でいつも彼の周りに集っていたのが、李克強、李源潮、劉延東といった共青団時代の仲間たちだ。胡錦濤を含めて、言わば「共青団の四人組」（※）だ。

当時の胡錦濤のように、優秀ではあるが若くてまだ人気のない人たちは、国境付近、あるいは辺境地域の書記として「下放《かほう》」されていた。チベット自治区、青海省、甘粛省、寧夏自治区、内蒙古自治区、貴州省などの地域だ。しかし、やがて彼らは第一四回党大会で指名されて表舞台に登場することになる。胡錦濤、温家宝などがこの代表選手だ。

あの病気がなければ今日の胡錦濤はなかった。病気をして北京の会議に参加したきりで、そのままチベットに戻ることはなかった。元気であればさらに中央から遠ざかったところに赴任させられたであろうことは確実で、運命が拓けることはなかっただろう。

しかしそれでも九二年以降、江沢民派が実権を握っている一五年もの間、胡錦濤派あるいは共青団派の人間にはほとんど出世のチャンスがなく、胡錦濤はじっと我慢していた。そばにいても何も言えない状態が続いた。中国のお国柄では、ナンバー2という立場はあまり意味をなさない。胡錦濤はずっと忍耐の人であり続けた。

※一般には、李克強、李源潮、劉奇葆《りゅうきほう》、袁純清《えんじゅんせい》を「団派四天王」を称する場合が多い。

市長より党書記の方が偉い

このナンバー2の忍耐について、面白いエピソードがある。先日、山東省の烟台《えんだい》市を訪れる機会があった。つい最近、私の友人がその地の党委書記になったのだ。以前に私が行った時、彼はまだ市長であり、あくまでもナンバー2だったので仕事に関しては補佐役として慎重にやっていた。中国では共産党の役職である党委書記が絶対の存在で、それ以外の人には決定権がない。中国は市長が役得をいろいろと得る「市長経済」だなどと揶揄されるが、正しくは「書記経済」なのだ。

彼はずっと我慢していたが、これで今までの苦労も報われることになった。笑い話のようだが、どこへ行くにしても、以前は車一台だったのが、今度は二台（！）迎えに来るようになった。市政府だけでなく、党からの配車もあるからだ。工場視察につきあう随行も前は三人だったが、今は一〇人が付いてくる。私と会ったときもそうだったので、まるで私が書記のようだった。

友人もふんぞり返って、大物風の対応をしていた。私も友人として彼とつり合う態度をとり、周りに対して偉そうにしなければならなかった。中国では例えば会談の時も、市長クラスなら恐縮して前屈《かが》みの姿勢を取り、書記ならふんぞり返って座る。こうした特徴が中国にはある。当時、江沢民全盛時代の胡錦濤の立場もそれと似たり寄ったりで、彼はずっと女房役に甘んじなければならなかった。

江沢民の「欲」

胡錦濤についてもう一つ言えるのは、彼個人には金に対する執着があまり見られないということだ。それとは対照的に、江沢民の上海派閥は汚職と腐敗の巣窟だと言われている。江沢民は上海商人的と言うか、欲望が周囲から見えやすく分かりやすい。ある意味においてだが、胡錦濤の人生は出世と権力奪取に捧げられているのかもしれない。「欲望」の内容がまったく違うのだ。

金銭欲の強い人間は「色」についても一緒であるようだ。二〇〇七年秋の党大会のことだが、江沢民がお湯を入れる女性をジーっと見ている写真が世界に配信されてしまった。お湯ではなく一分間ぐらいずっと女性の顔を見ているところを、連続写真で一〇〇枚くらい撮られてしまった。

胡錦濤夫人、劉永清《りゅうえいせい》も質素で素朴な人柄だ。数年前まで汚いフォルクスワーゲンを自分で運転していた。ただ、なにしろ国家主席夫人だ。「胡錦濤の奥さんがあんな車に乗っているのか」と言われてしまう。そこでいろいろと知恵を絞って、誰かがわざわざ車を故障させてしまったというエピソードがある。こういう小さい話から人間を見ることができる。

儒教の復活

さらに、胡錦濤の特徴として、「和諧社会」建設の精神的な支柱として「儒教」の復興に力を入れていることが挙げられよう。胡錦濤は今、中国の国際的信頼と文化的影響力を高めるために、儒教という精神的な遺産を重視した政策を打ち出している。

もちろん、その政策の狙いのなかには、世界各地で湧き上がる中国脅威論を払拭するという現実的な計算もあるだろう。しかし、中国が世界で重要な地位を占めるためには、世界に発信する精神的な価値が必要だという胡錦濤の意志は、私が見るところ本物だ。詳しくは本書の後半で述べるが、唯物論国家・中国で起きるこうした動きには注目してよいだろう。

習近平は太子党を嫌っている

さて、全人代の話に戻ろう。今回の人事に対する世間一般の分析はだいたい以下のようなものだろう。

「胡錦濤は李克強を常務委員入りさせ、共青団派による政権維持を図る一方で、敵対勢力の影響を極力排除する方針だった。しかし、江沢民を筆頭とする上海派の巻き返しに会い、上海市党書記である習近平の常務委員入りを認めざるを得なくなったのだ」と。

あるいはこれに太子党を絡める見方もある。習近平は一般に太子党と考えられている。胡錦濤は自分だけの派閥（共青団派）だけで政権を維持することは脆弱さを招くと考えて、上海派にも配慮し、政治的バランサーとして太子党からの起用を行なったというわけだ。

いずれの見方も、習近平の抜擢は必ずしも胡錦濤の本意ではないものだという見方で共通する。しかし、私はこの見解に組しない。それどころか、胡錦濤は満を持して習近平を指名したと断言する。

実際、中国の政治闘争を語るにはもっと多くの要素を考えなければならない。そもそも習近平は一般に言われているように、江沢民の息がかかっているとか、上海派だとかはとても言えないし、通常の太子党とは利害を異にする人物なのだ。

なるほど「習近平は太子党の本命だ」とは言われている。彼の父、習仲勲《しゅうちゅうくん》は革命第一世代の重鎮であり、その意味では確かに血筋的には太子党であると言える。しかし実は、習近平と他の太子党とは決して近しい関係ではなく、むしろ嫌い合ってすらいる。また「江沢民の指名だ」とも言われるが、江沢民に直接の人事権があったわけではない。そして、習近平は今回の抜擢まで上海で仕事をしていたとはいえ、そもそも江沢民と個人的なつながりはなかったのだ。

それどころか、習近平は江沢民派の牙城を崩すために、上海大地震の際、胡錦濤によって上海に派遣された人物だったのだ。

「ネクスト・エンペラー」習近平

いささか唐突に聞こえるだろうが、私は今回の習近平抜擢を説明する時には「習近平には〝エンペラー〟の遺伝子が宿っているからだ」と話すことにしている。これは文字通り

「王朝の血筋を引いている」という意味ではない。その人の風格、実績、血統、資質、因縁などを総合的に勘案した場合に、「新皇帝として君臨するに相応しい背景あるいは資質があると考えられる」というニュアンスの言葉だ。

次の章からエンペラーの遺伝子というものを順次説明してゆこう。エンペラーの遺伝子は様々な要素から構成されるが、最終的には習近平の父の代にまで遡《さかのぼ》って彼の「因縁」を探らねばならない。習近平登場の理由を探るには、表向きの派閥争いをみるだけでは充分ではないのだ。

［第2章］

ネクスト・エンペラー、習近平

――胡錦濤との時を越えた因縁

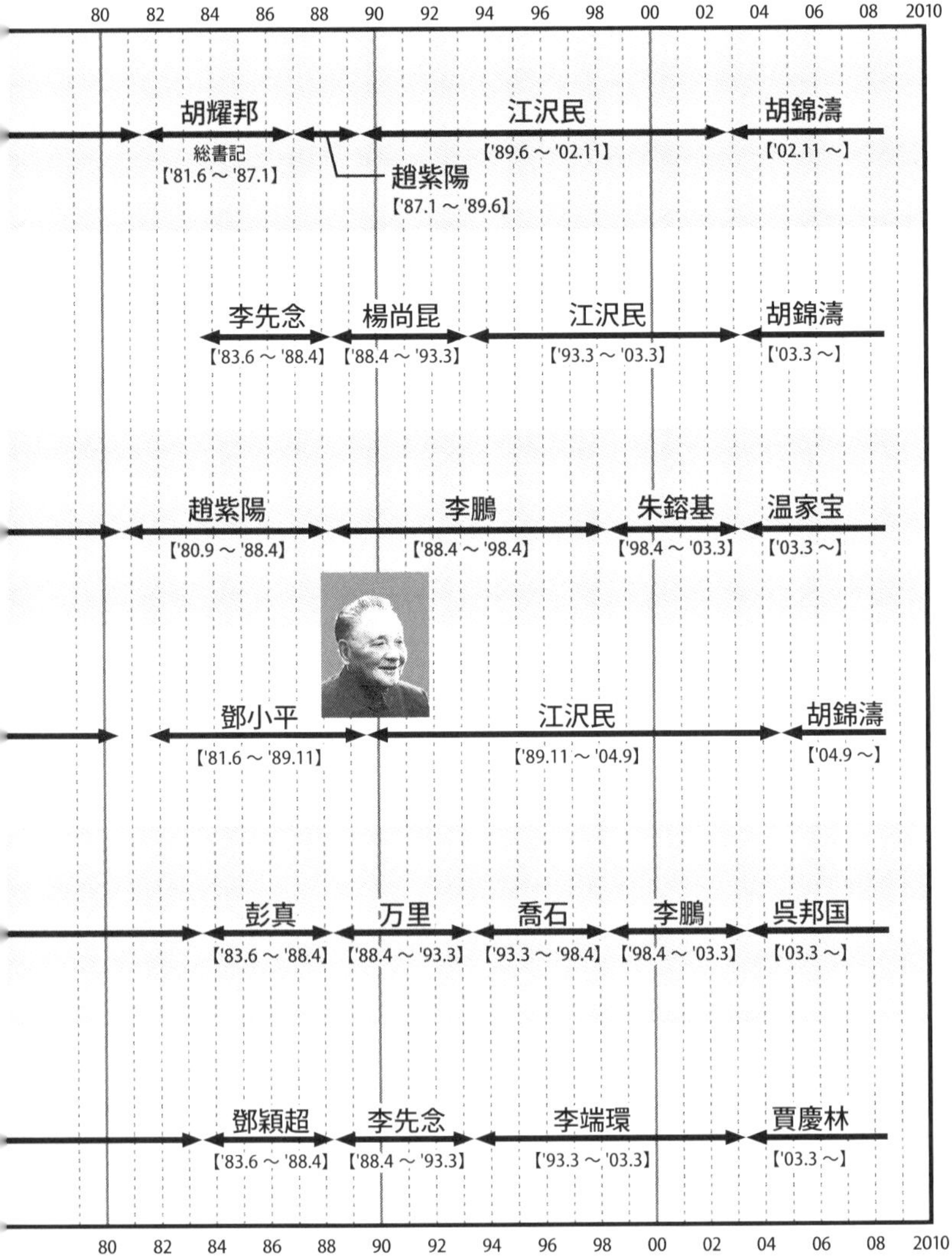

書記代行。④劉少奇は 1966 年失脚、1969 年死去。

■政治機構・要人の変遷

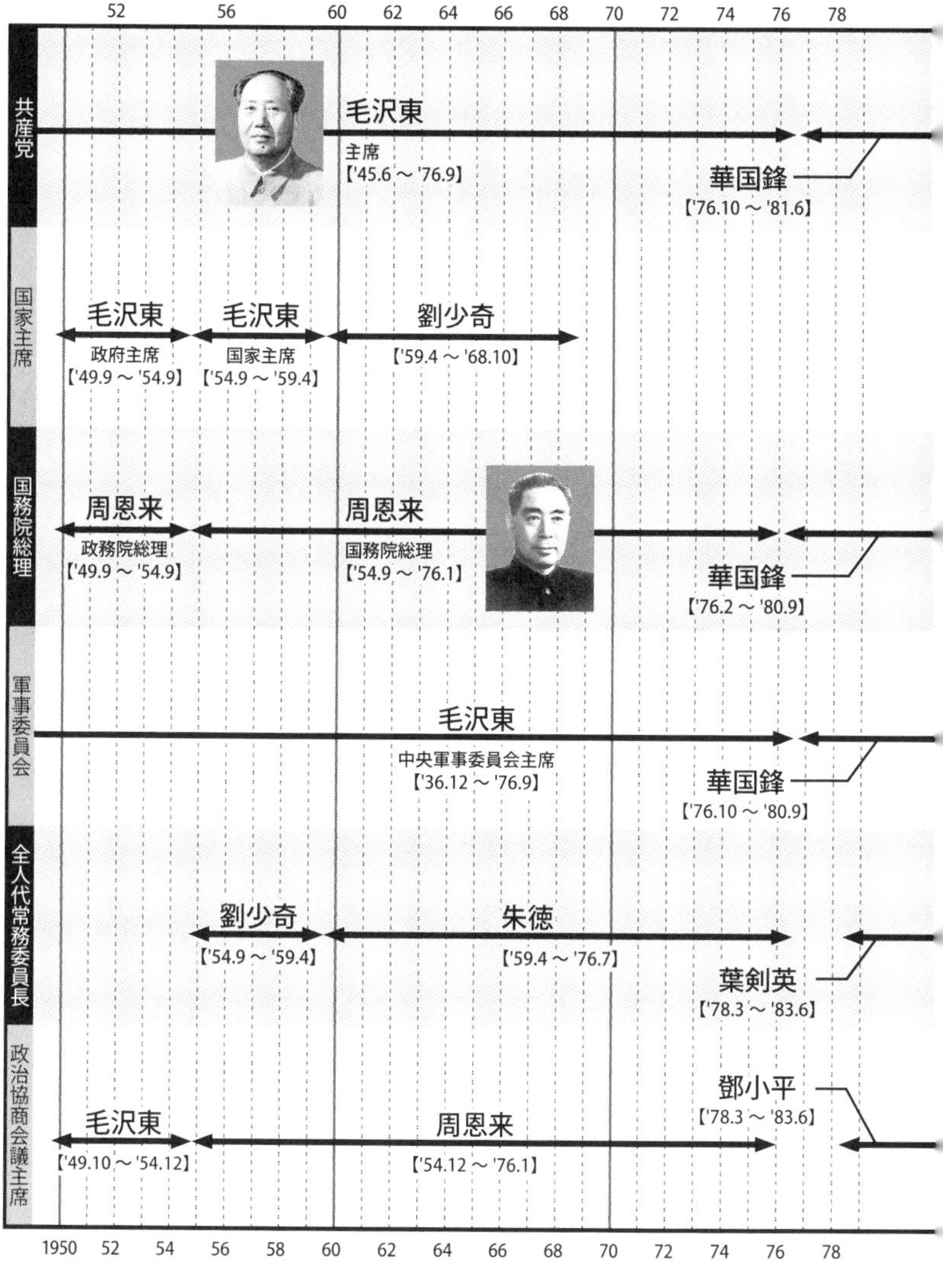

注：①【　】内は任期。　②華国鋒は 1976 年 2 ～ 4 月は総理代行。　③趙紫陽は 1987 年 1 ～ 10 月は総

中国を統べる〝エンペラー〟の要素とは

それでは、現代の中国を統治する次世代〝エンペラー〟としての資質あるいは要素を順に挙げていこう。これは、後ほど習近平と李克強を比較する上でも参考になるファクターとなる。

ファースト・エンペラーとしての始皇帝からラスト・エンペラーの清朝・溥儀《ふぎ》まで、中国史にはあまたのエンペラーが登場する。

そして、実は共産中国になってからも人々から「皇帝」と呼ばれる人が国家を率いてきた。毛沢東しかり。鄧小平しかり。およそ日本の方にはこうした「皇帝としての条件」は馴染みの薄いものだろうが、現代中国の政治を理解するためには大切なポイントなのでお付合いいただきたい。

ネクスト・エンペラーの第一の要素——文系であること

まず一つ目の要素だが、それは「人文系である」ということ。要するに、経済や法律など、文科系の学問を修めているということだ。

いま中国では「技術官僚の人文治国」（技術者が国を治める、という意味）と言われている。近年は中国大開発の時代であり、一般に理工系の人材が非常に重用されてきた。中国ではよく「大清国、北大荒」と言われるが、この意味は「政治は清華大学が押さえている、北京大学出身の人材が荒い（いない）」ということだ。理工系に強い清華大学の出身者が政界を牛耳っているのだ。人文系の学問が強い北京大学出身はそれと比較すれば政治の世界に入る人が少ない。ある意味で、技術派が国を押さえているとも言える。

江沢民は一三年間最高権力を握り続けたが、彼が主導した第一六期時代はほとんどエンジニア出身の者たちが国を主導していた。「工程師の創国」（技術者による国づくり、という意味）という言葉があるが、一九七八年の改革開放以来、社会のインフラ整備が急がれるなかでは、確かに人文中心主義では国はつくれなかっただろう。「創国」には技術が要る。その意味で、彼らにも功績があるとはいえる。

エンジニアが牛耳る今の中国

しかし今まで主流だった人たちは、エンジニアではあるが経済への理解が充分ではなかった。江沢民、呉邦国、曾慶紅、賈慶林、呉官正《ごかんせい》、李長春。こうした江沢民時代を支えた面々はみんなエンジニア出身だ。生真面目に仕事をするが、頭の柔軟性という意味では疑問符がつく。今の中国は、経済や法律については欠点だらけの「人治」の国だ。「技術創国」一辺倒のエンジニアたちは法律や経済についての理解が薄い。極端に言えば、工場を作ればいいと思っているふしがある。理科系なので国をつくることはできるが、国を治め、管理することができないのだ。

その面から言えば、江沢民時代は国に大きな傷跡を残した。現在、大きな社会問題となっている諸々の課題は、その根は昔から存在したとはいえ、急速に顕在化したのは主に江沢民時代に入ってからである。日本とは比較にならない極端な「格差」、農村の荒廃、医療改革の遅れ、環境汚染、とどまることを知らない腐敗汚職などがそれだ。

これからは法治でもって国家を整備していく必要がある。経済の国、法律の国に生まれ変わらねばならない。「技術創国」の時代は終わった。次は「人文治国」の時代だ。技術は国を創り、人文は国を治めるのだ。

技術系から、経済通、外交通へ

習近平は初め、化学を学んだが、最終的には法律で博士号を取っている。李克強も北京大学の経済学博士号を取っている。この二人が中心となれば、新世代の布陣は「人文治国」型になるはずだ。現国家主席・総書記の胡錦濤も自身は理科系だが、その「人文治国」を狙っていると言われる。

文化大革命の時代、学生は地方に下放《かほう》され、工場などで重労働をさせられたりした。習近平は下放されはしたが、エンジニアとして工場で働いたような経験はない。李克強も同じだ。

これは「武から文」の流れでもあると言っていいだろう。「食兵信」という孔子の言葉があるが、これを使わせてもらうなら、「食兵から信へ」ということだ。食や技術や軍隊はある程度目処《めど》がついた。これから国を治めていくにはむしろ信用と信頼が大事だ。胡錦濤政権が発足した○二年から五年経って、上層部も技術通から経済通や外交通に入れ替わりつつあり、国際関係が分かる人たちがだんだん共産党の上に集まってきている。

新世代は法律、金融、政治のインフラを整備する

○七年一二月、日本の民主党訪問団が訪中した際、小沢一郎代表から唐家旋《とうかせん》外相（当時）に向かって「政治体制の改革をするそうですね」という発言がとび出した。中国では「この話を誰が小沢の耳に入れたのか、李克強ではないか?」という憶測が出ている。李克強が有力な政治改革派だと見なされていることを物語るエピソードだ。

たとえ急激に改革することは難しくても、これからの上層部は政治体制と金融体制を整備するのが仕事だ。以前は、ダム、高速道路、橋など、現場のインフラ整備ばかりやって

いた。今度は法律、金融、政治のインフラ整備をやらねばならない。こうした動きを日本人はよく見ていない。習近平と李克強の二人の時代は、政治や金融などを柱に「人文治国」の体制をつくることに努力が注がれるだろう。完璧な政府機能を果たす国をつくるのだ。

胡錦濤、呉邦国、黄菊、朱鎔基《しゅようき》などが清華大学出身者として挙げられる。やはりほとんどが理工系だ。少し世代が上だが、胡錦濤の支援者である宋平《そうへい》、商務部長や国務院副総理として長く経済政策を担当した姚依林《よういりん》などもそうだ。宋平は大学の後輩だからこそ胡錦濤を育てたという面がある。同大学卒として、ここに新たに名前を連ねてくるのが習近平だ。

東京大学から日本の総理が出ないように、北京大学からは頑張ってもなかなか人材が出てこない。例外的に、共青団に属する胡春華《こしゅんか》という人は北京大学卒だが、次世代のエースとして最近めきめきと頭角を現し始めている。この人はチベットでの勤務が長かった。上層部には「チベットなど人間の行くところではない」と考えている人も多いが、それでも最近、胡錦濤や胡春華の例もあって「チベットに行けば出世の道が拓ける」という言い方もなされているようだ。

ネクスト・エンペラーの第二の要素──若さ

中国の指導者として必要な二つ目の要素は「若さ」だ。

かつて鄧小平は老幹部で構成される中国共産党顧問委員会をつくったが、当時の胡耀邦総書記はそれを排除しようとした。中国では「六〇代は高校生、七〇代は中学生、八〇代は小学生、八〇代を超えると完全に幼稚園」であると俗に言われており、「返老還童」という言葉もある。「年を取ればとるほど子供に戻る」ということだ。

習近平や李克強を初めとする第五世代の上層部は今だいたい五〇代前半。党首脳部は少し前まではほとんどが六〇代だったが、五〇代も増えてきている。中国政治の主役は七〇代、六〇代、五〇代とどんどん若返っている。右の俗諺《ぞくげん》に従えば、五〇代の人たちは大学生のレベルで国をつくるわけだ。

ネクスト・エンペラーの第三の要素——頭脳

第三の要素は「頭がよい」「クレバーである」ということだ。ここには「政治的に狡知《こうち》である」という意味も入るだろう。

仮に人間の頭脳をＡＢＣＤの四ランクに分けて考えてみると分かりやすい。例えば鄧小平は頭がいいからＡランクだ。毛沢東、周恩来、鄧小平、朱鎔基、胡耀邦、胡錦濤はみんなＡランクと言ってよい。これらの人たちは抜群に頭がよい。一般の中国人にはなかなかいないタイプだ。

次のBは仕事をきちんとやれる人、Cは一般人も含めて中国人として平均レベルの人、Dは低レベルの人だ。私の評価では、朱徳《しゅとく》、江沢民、李鵬、趙紫陽《ちょうしよう》、華国鋒《かこくほう》などは残念ながらBランクと言わざるを得ない。中国人はAもBもDもいるが、Cがダントツに多いという特徴がある。

日本人となると多少異なる。ABCDだとBがダントツに多いと言える。吉田茂、岸信介、田中角栄、小泉純一郎などはAランクだろう。頭が抜群に切れて優秀である。私見では、竹下、宮沢、海部、細川、羽田、福田などの歴代総理はBランクだ。日本人はほぼBランクの人で占められている。しかしDはほとんどいない。BとCに集中している。日本人は農耕民族だからAランクの人は活躍しづらいのかもしれない。

BとCは近いから一緒に仕事ができる。日本人はここに人口が集中しているから全体として力を合わせやすいのだろう。中国人の場合は、指導者層と一般人との間で断絶があるため、なかなかそうはいかないのだ。それはともかく、中国で指導者であるためには、頭脳がAランクである必要がある。

ネクスト・エンペラーの第四の要素――風水

第四の要素として「風水」がある。これは日本人にはなかなか理解できないだろうが、中国人にとっては非常に大事なことなのだ。鄧小平は、次代の指導者選びに際して、おそらく風水の専門家に相談している。名前を分析した結果、胡耀邦や趙紫陽は駄目だと判断したはずである。

鄧小平の「平」は発音がPingで、これは「水を入れる瓶」を意味する。胡耀邦と趙紫陽は名前に「光」を表す漢字が入っている。これでは、「水」である鄧小平が胡耀邦や趙紫陽から「光」を受ける格好になる。太陽が強くなれば水は蒸発してしまう。風水的に鄧小平と合わないのだ。

華国鋒は「金」だが、これも実は風水的に「水」と合わない。もちろん、純粋に政治的な理由もあったのは当然だが、鄧小平が彼らを警戒し排除した背景には、意外とこうした非合理的な判断があったと私は見ている。

江沢民や胡錦濤にはサンズイという形で「水」が入っている。いろいろと違いが強調される二人だが、こと風水に限って言えば共通なのである。鄧小平が彼らを登用したのにも、やはり風水が関係しているのではないか。胡錦濤の「錦」には「金」が入っているが、真ん中の文字の場合はさほど影響はないとみなされる。

さらに言うなら、中国は風水的に「土」の国家である。五行説では「木」「火」「土」「金」「水」の五元素説を説くが、この中で「土」と合うのは「水」と「木」だ。このどちらかが次に来るのならばよいが、「火」と「金」はよくない。鄧小平は、自分と風水的に合わない人間に頑張って肩入れはしなかった。

しかし結局、自らが指名した江沢民政権は一時的とはいえ保守的傾向を強め、鄧小平は南巡講話（※）で彼らを厳しく批判するに至った。この時ばかりは風水通りとはいかなかったわけだ。しかしその後、江沢民は再び改革開放の鄧小平路線に転ずることになる。

※南巡講話
鄧小平は七八年以降、市場経済の導入を目指して「改革開放」を進めていたが、八九年の天安門事件をきっかけに反動保守派の勢いが強まり、江沢民政権発足後、改革開放路線は事実上頓挫《とんざ》していた。そこで役職を引退していた鄧小平は、九二年に上海や深圳などを視察し、江執行部を含む保守派への批判を行い、改革開放への復帰を促す一連の講話を発表した。これが「南巡講話」として知られる。

ネクスト・エンペラーの第五の要素――天の意

以上、〝エンペラー〟の遺伝子を構成していると思われるものをいくつか挙げてきた。先ほど確認したように、ここで私が使う〝エンペラー〟とは文字通り「王朝の血筋を引く」という意味ではないが、それに近いニュアンスを持っている。

中国では、王朝の正統性は天の意志によって担保されるという考え方がある。エンペラーの遺伝子を構成する最後の、そして最も決定的な要素は「天の意」である。「その人による統治は宿命であり、天がそれを望んでいる」と思えるような環境や背景が揃っているということである。

では、習近平に臨む天の意を知るためには、どうしたらいいのか。そのためには歴史を遡《さかのぼ》って彼の父の代からの「因縁」を読み取らねばならない。したがってここでは先を急がず、後ほど詳しく触れることにしたい。

先代エンペラーによる指名が中国支配の正統性

もちろん現実を見れば、エンペラーの遺伝子が宿っている人だけが中国を支配してきたわけではない。最近の胡耀邦、趙紫陽、江沢民、胡錦濤などはその例だ。では、現段階においてラスト・エンペラーと言えるのは誰か。鄧小平である。彼は人生で三度失脚したがその度に復活（※）、長く最高権力者として君臨した「運命の子」である。その意味において、上で述べた様々な要素を満たしたエンペラーである。まさにラスト・エンペラーだ。

さて、エンペラーとしての最後の仕事は後継者を指名することである。先代エンペラーによる指名が中国支配の正統性ともなる。胡耀邦、趙紫陽、江沢民、胡錦濤らには次のエンペラーとしての「遺伝子」がなかったが、それでもラスト・エンペラー鄧小平の指名があったからこそ、曲がりなりにも支配者たりえた。

さて、鄧小平直々の指名を受けているのは現在の胡錦濤が最後だ。次にくる人物は、先代による「指名」以外の部分でエンペラーの資格を満たす人でなければならない。

※三度の失脚
一度目は三〇年代前半、ソビエトのコミンテルンに忠実な党指導部と対立して失脚する。二度目は文化大革命時代、毛沢東らにより「走資派」とされ、六八年には全役職を追われた。三度目は江青ら「四人組」による「第一次天安門事件」の時（七六年）。四人組は、周恩来の追悼に集まった群衆を警察力を使って排除し、この追悼の動きは鄧小平による策動だとして彼を失脚させた。

日本、中国、北朝鮮では世襲制度が生きている

余談だが、共産党が神経を尖《とが》らせている問題がある。〇七年、ダライ・ラマ一四世が来日した時のことだ。日本人がダライ・ラマを誘導して、彼の後継者問題について触れさせたことがあった。その時、ダライ・ラマ一四世は、自らの生存中に亡命先のインドで後継者を探す可能性に言及するなど、伝統的方法以外にも選択肢を探っていることを明らかにした。仮にこれをされると、共産党の意に沿わないダライ・ラマが出てくることになる。

伝統的な方法によれば、ダライ・ラマ自身は後継者を指名することはない。次代ダライ・

ラマは、先代が亡くなった後で探し出すものだ（チベット問題については第五章で詳しく扱う）。

これとは対照的に漢民族は指名が基本だ。この点は北朝鮮の金正日と同じで、言わば「世襲制度」である。日本も二世議員が多いので、ある意味では世襲制度が生きていると言えるかもしれない。日本、中国、北朝鮮はそういうところで共通点がある。大統領の直接選挙が実現している韓国は、その観点から言えば一番民主的である。

指名された「擬似」エンペラーとしての江沢民、胡錦濤

胡錦濤は鄧小平の指名によって登場した。当時四八歳の若さだった。これで誰が未来の中国を引っ張っていくかをみなが理解したわけだが、しかし、今度は誰も指名できる人がいないのだ。江沢民や胡錦濤はエンペラーだとは見なされていないからだ。

もちろん、〝事実上の〟後継者指名はするわけだが、かつての鄧小平のように、大上段から表立って指名するというやり方を採ることはできない。そうやっても誰も承認しないからだ。

かつて毛沢東は華国鋒を指名した。闘争の末、鄧小平が彼から権力を奪った。鄧小平が指名したのは胡耀邦だが、胡耀邦は民主化デモを黙認したとして辞任に追い込まれた。次

に鄧小平は、改革開放を支持する趙紫陽を起用した。だが、これも天安門事件の騒動で失脚した。そこで次に、経済自由化路線を継承すると目された江沢民を指名した。しかし江政権もまた一時保守化し、鄧小平は南巡講話で反撃することになった。みんな駄目になっている。

しかし、習近平はエンペラーになれる可能性がある。「ネクスト・エンペラー」だ。彼には「天の意」があるのだ。なぜかと言えば、父の習仲勲が鄧小平の片腕として国をつくってきた人物だからだ。彼には父の遺志を受けて民主化を実現すべき「因縁」がある。これが「遺伝子」として決定的なのだ。世襲なら既にエンペラーの資格充分だと言える。

胡錦濤は「皇帝」の遺伝子はないが、修行の結果「大阿闍梨」になった

胡錦濤は商人の家の出身であり、エンペラーの遺伝子が宿っているとは認められない。胡錦濤政権については、慣例上「新王朝」と言ってもいいだろうが、決して彼自身が「新皇帝」であるわけではない。皇帝と対比して、胡錦濤を例えるなら「高位の僧侶」だ。「大阿闍梨」と言ってもいい。彼らは結婚したり子供を遺したりはできないのだ。それに対して習近平は「新皇帝」である。

こうした意味での「血統」あるいは「連なり」というものを、中国人は非常に重視する。

例えば、私は孔子の遺伝子を継承している。孔子と同じで、私は遊説の旅をする人生を送っている。一生止まることなくあちこち走り回るだろう。これが孔健の「自画像」だ。自画像とは自分に対する意識であり、自分の人生を総括したものということだ。

習近平とは対照的に、胡錦濤の父は商売人、李克強は労働者の家庭だ。エンペラーの遺伝子が血液の中に入っていない。その遺伝子がなければないで、修行して大阿闍梨になることはできる。だがそれには、それなりの「苦」を経験しないといけない。

胡錦濤は不本意な「後継者指名」を装っている

誰が未来の中国をリードするのか。胡錦濤はここで「未来の星」として後継者を示し、中国に安定をもたらす必要がある。しかし、いかにも「指名」だと皇帝の仕事になってしまうので、言わば「推薦」のような体裁を採っている。確かに事実上の指名ではあるのだが、そうであることをオブラートに包む必要があるのだ。今回の人事にしても、胡錦濤は先に見たように江沢民、曾慶紅ら上海派閥とのいざこざの結果として不本意ながらもそうなったように装っている。これが彼の非常にうまいところだ。

胡錦濤には、自分がエンペラーだという意識はない。自分をエンペラーだと意識すればするほど、政治生命は短命に終わる。自分の望みのままに「指名」するなどして、まるでエンペラーであるかのように振る舞うと潰されてしまうからだ。自分の望みを一〇〇%達成したかに見られるのは、中国の権力者にとって命取りになるのだ。

例えば、私の周りで最近こんなことがあった。私の友人である北京師範大学の教授、于丹《うたん》さんが講談社から著書『論語の心得』の日本語版『論語力』を出版したが、実はその本のタイトルが、最初の予定では『超論語』だった。しかし、それを聞くと于丹さんは「私を殺さないで」と言った。「『超論語』だと論語を超え、孔子を超えてしまうからまずい」と言うのだ。これが子孫である私であれば、「子孫は先祖を超えなければならない」と言われるから大丈夫なのだが、それ以外の人が「孔子超え」を僭称すると非難されてしまう。ことほど左様に、中国人は「血統」というか「連なり」を意識するのだ。

もう一つ、習近平は経済に専念しており目立った政敵がいないという利点がある。反対に、共青団の李克強の方は江沢民派など顕在的なライバルが多い。習近平は共青団でも上海派でもないし、太子党の自覚もない。自然と台頭してきた中国のニュー・エンペラーだ。

一方、共青団内での権力争いは激しい。みんな胡錦濤に近づこうと血眼になっているが、習近平はそんなことは考えていないだろう。皮肉なことだが、胡錦濤の性格からして、彼に近づこうと意識すればするほど彼からは疎まれてしまう。逆に意識しないでいると気に入られる。

習近平のポリシーとして「自豪不自満、昂揚不張揚、務実不浮躁」という言葉がある。「自信満々ではあるが、あえて自慢はしない。べらべらしゃべったり宣伝したりしない。確実さを志向し、実務的である」ということだ。

ネクスト・エンペラーのその他の要素――出身地

さらに、エンペラーの遺伝子を構成する要素として「出身地」ということも挙げられるだろう。李克強は胡錦濤と同じ安徽《あんき》省出身である。しかし一つ問題がある。実は、歴史的にエンペラーが誕生するのは、北京と陝西《せんせい》省の西安（かつての長安）が多いのである。北京の前はずっと西安が中国の中心だった。安徽省からは一度も皇帝が出たことがない。中国では「陝西省の水を飲めばエンペラーになれる」と言われる。安徽省の人間は芯は強いが、エンペラーの素質となるとまた別の問題だ。

ついでに言うと「為官必有三気、官気、書生気、義気」という言葉がある。「官僚になるには、官気（官の雰囲気）、書生気（文化人の雰囲気）、義気（義の雰囲気）の三気が必要」ということだ。官気とは大事なことをしっかりとやる気質、書生気は文化人としての知識、義気とは仁義の心だ。李克強の交友範囲は広く、共青団や北京大学時代の友人、企業などと付き合いがある。ここで言う「義気」でリードしていると言える。だからこそ、総書記の最有力候補だろうと思われていたし、本人も自信満々だったのだ。結局は習近平に逆転を許してしまっているが。

以上、中国の地において指導者となる者に必要な要素を様々に述べてきたが、結局重要なことは人間の「遺伝子」なのだ。中国では僧侶にせよ、皇帝にせよ、連なりというものが意識されることを忘れてはならない。

習近平には父の代から続く因縁がある

それではここで、いよいよ習近平に臨む「天の意」、父の代から続く「因縁」について語ることにしよう。

彼の父、習仲勲《しゅうちゅうくん》は一九一三年生まれで二〇〇二年に死去している。陝西省富平県で生まれ、二八年、共産党に入党した。妻は斉心という人だ。当時陝西省の共産党員で彼が一番若い人だった。三五年、彼は陝西省紅北軍のリーダーとして逮捕される。その時の仲間に劉志丹《りゅうしたん》と高崗《こうこう》がいる。釈放された後も、今度は仲間たちから「逮捕時に全部白状したのではないか」と疑われてひどい目にあったという。

共産党に救われ、四五年の第七回党大会で中央候補委員、中央組織部の部長となった。中央組織部とは人事部のことであり、父がこのポストについたということは、この段階で子である習近平の将来も約束されたということだ（まだ習近平は生まれていなかったが）。

中央西北局書記を経て、五〇年、共産党宣伝部長となった。これは日本の官房長官に相当する役職である。やがて政務院副総理兼秘書長にもなった。

毛沢東に抵抗した父、習仲勲

中華人民共和国建国後間もない五〇年のこと、毛沢東は「反革命分子鎮圧運動」と称し、全国的な大粛清を行った。一年で実に七一万人以上もの人が銃殺されたと言われている。習仲勲は個性が強い人物で、この粛清時代に毛沢東に抵抗したりもしている。西北局時代、毛沢東から「西北地域の反革命分子〇・一%を処刑せよ」という指示を受けたが、彼は〇・〇五%しか鎮圧しなかった。「何%を殺す」というのが当時の地方の仕事だったのだ。毛沢東の目標は〇・一%だったが、彼が実行したのはその半分。他の地域より六〇%も少なかった。

彼の運命が暗転し始めたのは六二年だ。その年に『劉志丹』という小説が出た。劉志丹は習仲勲のかつての同志であり、毛沢東と対立した人でもあった。劉志丹は既に亡くなっていたが、生前の仲間たちでいろいろと小説執筆の材料を提供したのである。

これが毛沢東の逆鱗に触れ、この小説の発刊に関わった人たちは、反毛沢東の廉《かど》によりみんな逮捕された。党の幹部であった習仲勲も罪を問われて六二年に逮捕され、それから実に一四年間も牢屋生活を送ることになる。たった一編の小説が運命を変えたのだ。

習仲勲の妻で近平の母、斉心の『私と習仲勲との五五年間』という回想録の中に、「四三年、私は延安大学中学部の青年リーダーとして、綏徳《すいとく》地域に革命協力のためにやって来た。習仲勲は当地の共産党の書記を務めており、そこで出会って結婚した」と書いてある。結婚したのは四四年、仲人は後の抗日大学教育長の何長工《かちょうこう》という人だ。子供は五人いる。女が二人、男が三人。習近平は三男であった。

六五年、投獄された習仲勲は労働改造で洛陽《らくよう》鉱山機械工場に行った。工場とは言っても要するに牢屋みたいな所だ。七六年、四人組が逮捕された時、習仲勲も名誉回復がなされた。七八年二月、政治協商会議に特別代表として出席し、四月に特別書記として広東省に赴いた。旅立つ前に、胡耀邦宅に寄って別れの食事をしてから出かけたという。二人はそれくらい親しい仲であった。後にこの関係が習仲勲の息子・習近平の未来を開くことになるのである。

習近平の父は、胡錦濤の政治上の父、胡耀邦の大恩人

七八年、鄧小平は「改革開放」路線を明らかにし、翌七九年、広東省の深圳《しんせん》、福建省の厦門《アモイ》など、計一四カ所を「経済特別区」(経済特区)に指定した。広東省書記を命じられた習仲勲は、言わば改革開放の旗手として広東省に赴いたのだ。

深圳特別経済区は改革開放の窓口であった。赴任は二年間だったが、彼はその短期間で広東省発展の基礎を構築。改革開放のトップは鄧小平、その下で実務を支えるのが胡耀邦、前線に赴くのが習仲勲と言われた。

八〇年一一月に北京に戻ると、習仲勲は全人代常務委員会副委員長、中央書記処書記、政治局委員に就任。押しも押されもせぬ大幹部となった。実に習仲勲と胡耀邦とがコンビになって鄧小平の改革を推進したのだ。共産党保守派から胡耀邦反対の声が上がっても、習仲勲は怯《ひる》まずに闘ってきた。肝心なことは、八二年以降、胡耀邦はずっと批判され続けていることだ。しかし習仲勲が目を光らせ、鄧小平の力を使って陰謀を抑え、胡耀邦と趙紫陽の二本柱で改革開放を断行してゆくことを後押しした。

結局、胡錦濤が習近平を使う理由は、習近平の父が胡耀邦の大恩人であり、胡耀邦を守り続けた人物だからだ。胡耀邦は胡錦濤の政治上の父であり、この八〇年代初めのころ、胡錦濤は胡耀邦に重用されていたのである。習仲勲は民主志向が強かった。彼は改革開放をしながらも、法治国家をつくるための法整備を行なおうとしていた。

しかし八六年一二月、学生たちによる民主化要求デモが巻き起こると、事態は急変する。翌八七年元旦、彭真《ほうしん》、陳雲《ちんうん》、王震《おうしん》、薄一波《はくいっぱ》ら重鎮が鄧小平宅に集まり、胡耀邦を失脚させるクーデターを計画した。開明的な改革開放派である胡耀邦と、保守派重鎮たちとの確執は既にピークに達していた。それは胡耀邦や習仲勲が「古い人間は要らない」と顧問委員会を拒否していたからだ。結局、八七年一月の長老会議で胡耀邦総書記の解任が決まった。この時も習仲勲は、胡耀邦の解任劇が非公式な形で決定されたことに強く異議を唱えたが無駄だった。鄧小平が勢いを増す保守派と妥協し、胡耀邦を切り捨てたのである。

習近平は、父の習仲勲と胡耀邦が鄧小平らとどう付き合い、どう戦ったかをすべて見ている。中国政治闘争の裏を全部見ているのだ。彼の太子党嫌いもこれで理由がよく分かるだろう。この時、胡耀邦や父を追い落としたのが、党の長老たち、即ち、他でもない太子党に連なる連中だからだ。

「やられる前にやる」という中国人独特の政治気質

中国の政治闘争に影を落とす、中国人独特の気質というものがある。これも多くの日本の方には理解しがたいものかも知れない。どんなものかというと、中国には「一人昇官鶏犬昇天」という言葉がある。「誰か身内が一人官僚になれば、その周りの鶏や犬までも天に昇る」という意味だ。日本人はそうではない。ある人が偉くなればなるほど、それまでの友人などは遠慮して遠ざかるようになる。日本人の奥ゆかしいところだ。

中国で総理にでもなろうものなら、小学校時代のガールフレンドまで「結婚してくれ」と出てくる始末だ。私事で恐縮だが、つい最近もこんなことがあった。私が家内と中国の入国管理局で並んでいると、私たちの前で二人の中国人女性が話していた。その内の一人が「孔健さんは知っているよ、実は私の恋人だったのよ」と言っていた。家内もいたのに迷惑な話である。

その女性は相手から「日本で有名になっている人だから、それは追いかけないと駄目よ」と言われ、「そうだね、後でラブレターを掘りかえしてみる。追いかけていって儲かる話がしたいね」と言っていた。こういう話が普通にあるくらい、中国人は誰かが有名になれば、その周囲の人々は「天に昇る」のだ。

もう一つ、中国人は「やられる前にやる」という、加害意識が非常に強い。普通の日本人はそういう意識はあまり持たないだろう。政治についても同じだ。胡耀邦は鄧小平によって指名された人間だが、胡耀邦は鄧小平がつくった重鎮・長老らの顧問委員会を敵に回し、鄧個人との対立も鮮明になっていた。そして、ほかならぬ胡耀邦を抜擢した鄧小平が、「やられる前にやる」という加害意識を持ち、ついに胡耀邦を失脚させたのだ。中国人のこうした気質は、彼らの政治闘争を理解する上でも、中国人と付き合っていく上でも知っておく必要がある。

そして天安門事件は起こった

胡耀邦失脚後、彼の同志であり、改革開放路線を採る趙紫陽が総書記の後任となった。胡耀邦は八七年一月に失脚し、二年後の八九年四月に心臓発作で亡くなった。そして、これがあの「天安門事件」の引き金となる。

胡耀邦死去の訃報に接した学生たちは直ちに行動を起こし、胡耀邦再評価と民主化を要求する大規模なデモを始めた。それはやがて一般市民をも巻き込んだ一大大衆運動へと変貌していった。民主化を支持する趙紫陽は、武力鎮圧を主張する党の長老ら強硬派を懸命に止めつつ学生らとギリギリの交渉を続けていたが、対話路線で学生たちを天安門広場から解散させることができず、次第に孤立していった。

五月一九日、前触れもなく趙紫陽は天安門広場に現れ、マイクを持つとハンスト抗議を続ける学生たちに話し始めた。

「諸君、来るのが遅れて申し訳なかった。君たちはまだ若く、将来がある。直ちにハンストを止めるように」

その時、そばには当時中央弁公庁主任で趙紫陽の秘書であった温家宝も立っていた。まだ発表されてはいなかったが、実はこの数日前、既に趙紫陽の失脚は決まっていたのだ。そして六月四日、世界を震撼させた発砲事件が起きたのである。

かつて毛沢東は、フルシチョフのスターリン批判を恐れた。自分も遅れてやってくる新しい指導者たちから批判され、その功績のすべてが否定されるのではないか、と。その恐怖心が結局は、大躍進政策や文化大革命という行動を生み、自らの絶対化を図ることにつながった。

鄧小平が一度は自分が重用した胡耀邦と趙紫陽を最終的に切ったのは、ソ連でゴルバチョフが「ペレストロイカ」を断行していた時期と重なる。どちらも、ソ連の変動が中国の保守化を促す結果となった。鄧小平は彼の政治独裁が崩れるのを恐れていた。あのまま放置すれば、胡耀邦はゴルバチョフと同じことをやると判断したのだ。

胡耀邦が「習の息子の面倒を」と遺言？

〈中央〉〈地方〉
胡耀邦→習仲勲（広東省）
↓　　↓
胡錦濤→習近平（浙江省）（福建省）

これまでの話をまとめれば、構図としては右のようになるだろう。胡耀邦は先述したように胡錦濤の政治上の父であり恩人である。胡錦濤は何度も胡耀邦の墓参りをしている。また胡耀邦の方も、かつて胡錦濤が貴州省党書記になった時に、わざわざ二回も彼に会いに行っている。ずっと目にかけていたからだ。胡耀邦が日本からの三〇〇〇人使節団（※）を招待した時も、実務を担当したのは胡錦濤だ。胡錦濤の対日政策について「対日新思考」という言葉が使われるが、この言い方もナンセンスだ。胡耀邦時代と同じものであり、実は新しくない。間に入った江沢民時代が違っただけだ。

習仲勲は胡耀邦の改革を支えたし、胡耀邦失脚の策動が蠢《うごめ》いていた時も孤軍奮闘している。事態が切迫してきた時も、習仲勲は「これは深刻だ。やられてしまうぞ」と注意を促していた。当の胡耀邦は楽観しており「そんなことはない。鄧小平がバックにいる。彼はロートルたちを失脚させるのに賛成している」と言って反論したが、結果としては習の心配した通りになってしまった。

この時の闘争相手は、薄一波を初めとする長老幹部だ。彼らの子弟が太子党と呼ばれているわけで、これが習近平と一般の太子党とが相容れない理由である。ちなみに薄一波の子が薄熙来《はくきらい》であり、習近平にとっては血統的に天敵である。前・商務部長で、現在は重慶市党委の書記になっている。

こうした暗闘の一番の目撃者、証人が胡耀邦の弟子・胡錦濤であり、習仲勲の息子・習近平だ。

憶測だが、胡耀邦は胡錦濤に「将来、習の息子の面倒を見てくれ」「彼と組んでくれ」と遺言を残しているだろうと思う。なぜかと言うと、中国には「一代朋友、三代親戚」という言葉があるからだ。「二代が同志になると三代まで親戚になる」という意味だ。ここから既に習近平のネクスト・エンペラーへの「因縁」が始まっている。胡錦濤は習近平を大事に使いたいところだ。狙いとしては、共産党トップは習近平、政府である国務院トップは李克強という体制だろう。

※三〇〇〇人使節団
八四年、当時総書記であった胡耀邦は、盟友である中曽根首相と協力して、日本人青年三〇〇〇人を建国三五周年記念パレードに招待し、日中友好に努めた。当時の事務方トップであった胡錦濤は、日本人青年受け入れの実務に奔走した。

「習近平がナンバー1」という胡錦濤の意思

〇七年一一月、日本の与党代表団が訪中し、自民党の政調会長・谷垣禎一、公明党の斉藤鉄夫などと習近平が会っている。習近平は政治局常務委員になった直後に谷垣に招待状を出しているが、これも胡錦濤の意向に従ったものだ。習近平は与党代表団との会談の時に握手して、日中関係について「発展と改善の機が熟している。日中の合作をもっと密接に」という趣旨の話をした。その時の彼はエンペラーの風格を漂わせていた。

続く一二月に行われた小沢一郎の訪中は対照的だった。この時、胡錦濤と李源潮《りげんちょう》・政治局委員が出迎えたが、次世代のリーダー代表である習近平も李克強も出てこなかった。次世代リーダーと会談するようなそんな名誉を野党には与えないのだ。ここにも、習近平がナンバー1だという胡錦濤の意思が明らかに出ている。

胡錦濤は習近平に民主化を託す

習仲勲はかつて広東省の改革を手掛けている。自由と民主を愛した父の遺伝子が習近平にもそのまま受け継がれており、これからの自分の使命として中国の民主化を考えているはずだ。まずは経済よりも党体制の民主化に主眼を置くだろう。彼は胡耀邦から胡錦濤へと続く民主化路線の中に身をおいている。

胡錦濤が民主化について、着地点としてどこまで想定しているかは不透明であるが、ともかく現在の政治体制を改革しようとしているのは事実である。しかし自らは江沢民の上海派に邪魔されてなかなか実行できないため、次の習近平にそれを託しているのだ。

鄧小平は経済については改革開放派だったが、政治に関しては断固として保守的であり、共産党独裁を守る立場を崩さなかった。そこで胡耀邦や習仲勲と衝突することになった。挫折したとはいえ、胡耀邦の政治改革の同志は習仲勲だった。胡錦濤の政治改革の同志は習近平だ。これが自然のストーリーであり、天の意というものだ。

父は二年間、深圳で実験をし、経済と政治の両方の改革を成功させて北京に戻った。さらに党中央の民主化を図ったが、そこでクーデターに倒れた。〇二年に彼は亡くなったが、その父の無念を子供は見ている。習近平は鄧小平のところにはそれ以降一切挨拶に行っていない。習近平は鄧小平への復讐を心に誓っているだろう。それは、父が果たせなかった政治体制の改革を、胡錦濤を補佐して行うということだ。胡錦濤もそのつもりだろう。

まとめてみよう。鄧小平に指名されて総書記になった胡錦濤は、鄧小平と同じ経済の改革開放は進められても、政治の民主化までは託されていない。鄧小平の呪縛だ。しかし、習近平にはそうした呪縛は一切ない。やや楽観的に過ぎるが、おかしな権力闘争やハプニングさえ起きなければ習近平の時代に中国は大きな変化を見せるかもしれない。

現在八五歳の習近平の母、斉心は北京で生活しているが、彼は二五年間もそのそばから離れていた。ずっと遠隔で仕事をしていたからだ。習近平は「人生も残り四分の一、これからは北京に留まり、親孝行をしよう」と言っている。

［第3章］

上海王国崩壊す

――習近平と李克強の後継レースの帰趨《きすう》が決した

下放され、苦難の連続だった習近平

さて、習近平がいかなる因縁を背景に持っている人物であるかがご理解いただけただろう。ここで改めて、彼のヒストリーを振り返ってみよう。

彼は一九五三年六月、陝西省富平県で生まれた。父が脱党させられたのは彼が一〇歳にもならない頃だ。六九年、一六歳で労働下放された先は陝西省延安市の辺境だった。彼はその頃のことについて「私はほとんど一年三六五日休めなかった。雨や風の日でも働いた。洞窟の中で寝起きしていた。夜は馬と一緒に寝る生活だった。羊も飼っていた。重さ一〇〇キロの麦をかついで五キロの山道をのぼった。両肩で担いでいたので疲れても（左右の肩を）変えられなかった」と語っている。非常に厳しい時期を過ごしたことがうかがわれる。

一方、その頃の微笑ましいエピソードもある。習近平は下放されて苦労したが、彼の人柄を慕った呂侯生《ろこうせい》という村民が彼のために食事を全部作ってくれたそうだ。彼は非常な勉強家で毎晩勉強していたという。

延安には三万人の北京の知識人が下放された。習もまた苦難、困難の連続だっただろう。太子党であることなど何の意味もなかった。むしろ、いま呻吟《しんぎん》しているのはそのせいなのだ（文革では特権階級や知識階級が特に迫害された）。厳しい環境下に置かれ、ある意味で庶民の子供よりも磨かれただろう。

七四年一月に共産党に入党、やがて頭角を顕《あらわ》し、村の党支部の書記になった。七五年に「労農兵大学生」として清華大学工程化学学部に入る。文革当時、大学は一般に開放されておらず、労働者、農民、兵隊から選ばれていたのでこう呼称される。太子党だからではなく、優秀だから選ばれたのだ。彼は北京に赴いたが、父の習仲勲は当時まだ牢屋から解放されていなかった。習近平は大学院まで進み、人文社会研究生として法律の博士号をとった。

厦門の巨額密輸事件で濡れ衣

一九七六年に文革が終焉し、迫害された人たちの名誉回復が始まると習近平の運も上がり始める。七九年に大学を卒業した後、国務院弁公庁で国家副総理兼国防部部長の耿飈《こうひょう》の秘書に就任。また中央軍事委員会の弁公庁にも勤めている。中国政治の中枢、中南海の住人になったのだ。八二年には河北省正定県の書記となった。この当時、かなり行政マンとして苦労したようで、この時期は後に「河北での練磨」と呼ばれるようになる。八五年には福建省に赴任。このため、北京には結局、一七年半も帰ることがなかった。

その後、三二歳で厦門の副市長、三五歳で寧徳《ねいとく》地区の党書記、三七歳で福州市党書記に。九五年には四二歳で福建省党副書記を務め、ついに九七年、鄧小平が亡くなった年に初めて共産党の中央候補委員となった。実はこの時の選挙で、彼は下から二番目という選挙結果で中央委員に漏れてしまい、候補委員に甘んじている。当時厦門で巨額密輸事件があり（※）、彼も関与を疑われたためだ。実際は濡れ衣だったが、順調に見える経歴のなかでそうした苦渋も味わっている。九九年に四六歳で中国でもっとも繁栄している地域の一つ、福建省書記となる。さらに〇二年に四九歳で浙江《せっこう》省書記となった。その後、上海市党書記をへて、〇七年秋に党大会で政治局常務委員に任命されたのだ。

※厦門密輸事件
九六年以降、福建省の厦門を舞台に、頼昌星らの犯罪グループが引き起こした、中国建国史上最大とも言われる巨額密輸事件。脱税総額は日本円にして一兆数千億円にも上るとされる。地元政府、警察、税関を巻き込んだ汚職事件に発展した。

習近平の妻は解放軍の人気歌手

妻の彭麗媛《ほうれいいえん》とは二回目の結婚である。彼女は私と同じ山東省の出身で、八六年、厦門副市長の時代に知り合ったという。二人の結婚は最初は彼女の両親に反対された。理由は、彼が太子党であるということだった。太子党は一般人から敬遠されている面があるのだ。そこで彼は「私が説得するから両親のところへ連れて行ってくれ」と頼み、そこで彼女の両親に対して「私は太子党ではない。父はもともと農民です。兄弟もみんな普通の人と結婚している。（実家の）家庭は結婚にはついてこない」と言って説得したという。

九三年、長女が生まれた。習木子、正式には習明沢《しゅうめいたく》と言う。尊敬する毛沢東の「沢」の一字をとっている。

妻の彭麗媛は北京で試験を受けて人民解放軍に入り、そこで軍所属の歌手になっていた。習近平と出会ったときにはすでに人気歌手として有名になっており、毎年旧正月に行われる恒例の歌番組（日本の「紅白歌合戦」に当たる）の常連だった。ただ、さすがに現在は歌手活動を停止している。実は、彼女と私の妻とは山東省の芸術学院時代からの友人である。

「太子党」と言われると怒る習近平

習近平は清廉実直なタイプであり、腐敗や汚職に対して厳罰を以って臨むことで有名だ。道路を作って自分の名前をつけたり、お飾りや面子のための実績づくりに励んだりすることを習近平は嫌う。福州市の書記を辞めて転任する時、彼は市のために七億元の財政黒字を残していった。普通は、すべて食いつぶして一銭も残さずに行くものだ。その証拠に、彼の後任は三十億元の赤字を出しながら空港を造っていった。まるで正反対である。習近平は必要とあらば「空港はいらない。もう充分だ」と主張するタイプだ。意味のないものは民の税金を無駄に使うだけであり、面子やおこぼれに与るためのプロジェクトなど眼中にないのだ。

彼は農村改革に熱心であり、農民や一般民衆に頼りにされている。彼らと近しく「親民」である。一般に太子党の人間は普通の民衆とは縁遠い。習近平がおもしろいのは、自分が太子党と言われたら怒ることだ。他の太子党の面々は、周囲の人が太子党だと言ってくれないと怒る。ところが、習近平はいつもは穏やかだが、太子党と言われると顔色が変わるという。

「習近平は李克強、李源潮に先んじている」

浙江省にいた九カ月間で、県と市を合わせて九〇ある行政区のうち六九区を視察したという。赴任したらふんぞり返ったままでいることが多い地方官吏としては、驚異的な仕事量であると言っていい。こうしたことから、習近平が浙江省と長江デルタの発展の原型をつくったと言われる。

〇二年、習近平書記のもと、浙江省の都市部住民の平均年収が一万八〇〇〇元を超えた。農民も七〇〇〇元を超えた。生活レベルが中国一の地域になったのだ。ライバルの李克強や李源潮の実績もなかなかのものだが、習近平のこの実績と比較するとやや見劣りがすることは否めないだろう。それで中国では「習近平領先二李」と言われている。この「二李」とは当時、河南省書記だった李克強と江蘇《こうそ》省書記の李源潮のことである。この二人に先んじているということだ。

習近平は「河北での練磨」の後は、「福建省からの出発」「浙江省からの跳躍」「上海への昇竜」というまさに三段跳びをやってのけてきた。なぜそれが可能だったのだろう。それを考えると、やはり習近平が法学博士だという事実に行き着く。

地方のリーダーには技術力はそれほど必要ない。要るのはもめごとを裁く法律の知識だ。習近平はそれが体に染み付いている。共産党組織部長である賀国強《がこくきょう》の習近平に対する評価は、「政策レベルは高く、大きな視点からの決断力もある。リーダーの経験が豊富であり、組織指導においても全面的な統率力がある」というものだった。

習近平は何か問題があると民衆の中に入っていって調査するが、反対に共青団である李克強はリーダーを呼んで集めて会議をするタイプだ。太子党は本来ならば民衆からは遠い存在だが、習近平はそうではない。その意味で、胡錦濤と似ているところが多い。彼と同じで、民に関心を持ちつつしっかり仕事をやる。そして自分に厳しい。こうした姿を見て人々は団結する。親中派で知られるアメリカのポールソン財務長官は「自分の目標をしっかりと見定め、確実に仕事を進めるリーダーである」と評価している。

表向きは李克強を育てている間でも、習近平のことはずっと胡錦濤の念頭にあっただろう。共産党の民主化という課題を考えつづけているからだ。実は、共青団は独裁主義的な傾向が強いという一面がある。李克強が台頭しても少なからずその方向に進むであろうことも、胡錦濤はよく分かっている。上海で二〇〇〇人に政治家の人気に関するアンケート調査をした結果、習近平は九〇%の票を集め、人気ナンバー1に輝いた。民を愛する姿勢が評価されているのだ。

「山東美人」妻の彭麗媛と家庭観

習近平に関しておもしろいのは妻である彭麗媛の話だ。

彼女は「家庭は女性にとって安住の地であり、静寂の源です」と語っている。これは習近平夫妻の家庭観と言っていい。二十数年もの間、歌手生活を続けることができたのも家族のお陰だと感謝の言葉を口にしている。

「女性としては仕事と家庭は両方大切です。仕事だけを大切にして家庭を犠牲にすることなどあり得ません。普通の中国人のように幸せな家庭を大事にしたい」

と言っている。

彼女はいわゆる「山東美人」だ。山東省の女性の特徴として、「頑固ですごく強い」「男性を尻にしく」ということが挙げられる。余談だが、毛沢東夫人の江青もそうだった。彭麗媛は習近平について「主人としてというよりも、先輩、師匠としての愛もある。妹に対するみたいに面倒を見てくれる。時々料理も作ってくれる」と語っている。彼女は今でもしばしば外に出て食料品の買い物をしているそうだ。

これから習近平が成功していくためには四つの成功法則があると言われている。一つ目は「太子党の人脈を利用すること」、二つ目は「共産党の上層部に従順であること」、三つ目は「できれば清華大学派閥をつくること」、そして四つ目は「奥さんの社交の人脈を使うこと」だ。これらをうまくやれば大成功できるというのである。

習近平のライバル、李克強

日本では中国の政治家の家庭面までの情報が報じられることはあまりない。ここまで習近平の経歴や素顔を追ってきたが、読者の多くは、「同じ人間なんだな」と思われたのではないだろうか。中国共産党の政治家のすべてが人の命をなんとも思わない冷血漢ばかりということはないのだということを知ってほしい。

では次に、習近平のライバルとされる李克強の方に目を向けてみよう。

李克強は一九五五年に安徽省の定遠県で生まれた（父は共産党の地方幹部だった）。七四年、一九歳で労働改造として故郷である安徽省の鳳陽県《ほうようけん》大廟《たいびょう》人民公社に下放された。下放された先で彼は、農民たちから「李はすごく頑張っている」とほめられたという。二年後、現地の党支部書記となった。彼は頭がいいし、官僚的な雰囲気がない。特にスピーチがうまいのだ。

七八年、北京大学に入学。八二年には同大学における共産主義青年団の書記を務めた。勉強家で英語がうまい。今でも家では奥さん・子供たちと英語で話しているそうだ。法律学部を出て、法学学士と経済学博士号を取っている。

彼は荘子の「生也有涯、而知也無涯」という言葉が大好きだという。「よく勉強する」という意味だ。北京大学時代から勉強家でよく発言し、鋭い見解を持っており、注目されるようになった。

李克強は経済のリーダーとして期待をされた

李克強は八〇年代の一時期、大学側から批判されたこともあり、北京市の共産主義青年団の代表に立候補するも落選している。しかし、その後八三年に共青団中央学校学生部長を、さらに李源潮と一緒に共青団中央書記処候補書記となった。その際に二年間、共青団総書記の胡錦濤と一緒に仕事をしている。九三年からは共青団中央書記処の第一書記を務めることになったが、結局、彼は三八歳まで共青団で一〇年間働いたことになる。

共青団時代から李克強の仕事能力はずば抜けていた。共青団内には「中華青年連合会」や「中国少年先鋒隊」と呼ばれる組織があり、その当時、中央の老幹部を呼んで講演してもらったりしていた。陳雲、彭真、王震などの重鎮だ。若き李克強はその運営を担当していたため、彼らとの人脈をつくることができた。また当時、「ブルジョワ自由化」運動が学生の間で大流行していたが、八三年三月の青年大会で李克強はそれを沈静化させたこともある。

同じ共青団の幹部だった胡錦濤とは同郷者でもあり、二人は共青団中央の食堂でいつも一緒に食事をしていたくらいで、「水魚の交わり」として有名だった。八五年、胡錦濤が貴州省書記となった時、彼の後を継いで共青団中央委員会書記となったのが李克強だったのだ。胡錦濤がチベット勤務で高山病に罹《かか》って不遇だった時代、彼の周りに集ったのが前述の「共青団四人組」だ。それがやがて二〇〇七年秋の第一七回党大会で台頭するメンバーになるのだから、人の運命というものは分からない。

李克強は清華大学と並ぶ中国アカデミズムの最高峰・北京大学で経済学の修士号と博士号を取得した。鄧小平の理論を学んで、いかに経済体制を改革するかを研究している。習近平は政治体制の改革にもっぱら興味があったが、こちらは経済体制である。「わが国の経済の三元構造」という論文で賞をとったこともあるし、李源潮と一緒に中国経済の戦略を本にまとめたりもした。当時から、「彼は政治というよりもむしろ経済のリーダーになるだろう」と期待されていたのである。

コピー製品、エイズ、事故……受難の河南省時代

九九年、李克強は、全国で最も人口の多い河南省の副書記となり、翌年最年少で同省の省長に、さらに〇二年についに書記となった。

だが、この河南省は彼にとって試練の場であった。実は河南省は、コピー製品の氾濫《はんらん》で国際的非難を浴びている中国にあって、ひと際ニセモノ品の流通が激しい地域だ。かつて首相だった李鵬が「河南省の省長が来た」と報告を受けた時、「ホンモノが来たか」と答えたという笑い話があるくらいだ。

そして河南省と言えば、何と言ってもエイズ問題である。患者数は各種統計によって異なり、正確な数字を把握するのは困難だが、同省の感染率が突出しているのは確かである。九〇年代、多くの人々が貧しさ故に献血を繰り返し、すさまじい勢いで蔓延《まんえん》してしまった。河南省が「エイズ省」と呼ばれる所以《ゆえん》である。李克強はこのエイズ禍に対して無策であったと言われている。むしろ省政府は、エイズ問題の告発者を拘束するなど、事態の隠蔽《いんぺい》に躍起であった。

さらに李克強は河南省で不運の数々に見舞われている。九九年元日、河南省焦作市の

映画館で火事があり七四人が死亡。書記だった馬忠臣《ばちゅうきょう》は責任を問われてクビとなった。二〇〇〇年の暮れには、今度は三〇九人がカラオケバーで窒息死するという大事故が発生した。結局は認められなかったが、彼はその時、責任を取って副書記を辞めると申し出ている。

とにかく河南省にいる間に災害が続いている。六年間まったくいいことなしだった。李克強も住民もお互いにいい印象は残らなかっただろう。

しかしそれでも、李克強は「中原《ちゅうげん》都市経済圏」（河南省を取り巻く経済圏）でよく努力した。六年の赴任期間中、各都市の工業化を図り、〇四年には河南省の一人当たりGDPを一〇〇〇ドルとし、中国全体で二八位から一八位にまで引き上げた。全体的には住民の生活は良くなったと言える。これは彼の功績だろう。

遼寧省で資本主義・市場経済を大胆導入

次に彼が赴いたのは遼寧省である。〇四年一二月に遼寧省の書記となり、つい先日まで務めていた。改革開放以来、長江デルタや珠江デルタが発展する一方、その反動で遼寧省の国有企業は多額の負債を抱えるお荷物的存在となっていた。彼が行く前の遼寧省は、大連という大都市はあるものの全国で最も遅れている地域の一つだったのだ。

ここで彼の人脈がフルに生かされることになる。〇五年、国家開発銀行から、遼寧省の工業振興のために、五〇〇億元を開発資金として引き出すことに成功した。これで八五万人の貧困人口を救うことができた。また、一二〇万人の労働者のために、ボロボロの宿舎を改造して新しい住宅をつくった。彼の時代に、遼寧省に資本主義市場経済を大胆に導入し、時代遅れの社会主義の残滓《ざんし》を一掃した。

李克強がこの資金引き出しに成功した背景には、実は次のような事情があった。李克強が共青団時代に陳雲などの中央幹部を招いて人脈を作っていたことは先に述べた。そして遼寧省時代に彼が融資を受けた国家開発銀行のトップは陳雲の子・陳元《ちんげん》だったのだ。このように李克強は北京時代に築いた人脈を有効的に利用している。

李克強に対する中央の評価は「政治に明るく、高度な政治理論を持っている。判断力、行動力もある。党の仕事、特に経済の仕事はよくやっている」というものだ。外国の指導者たちも、与野党を問わず遼寧省を訪れるようになった。シンガポールのリー・クアンユーも遼寧省を訪れた。日本の自民党と公明党や、台湾の国民党の連戦《れんせん》も遼寧省にわざわざ彼を訪ねている。

「災害の星」と呼ばれる不運

この遼寧省時代に、彼が次世代の指導者になるという予測が現実味を帯びだしたのだ。実際、〇七年一〇月、党大会が行われる直前の段階の予想では、「次の党書記は李克強だろう」と言われていた。農業の河南省と工業の遼寧省で共に実績を挙げているからだ。〇七年の一月から二月にかけて吉林省で冬季アジア大会が開催されたが、その開催期間中、胡錦濤はこっそり李克強と会っている。そのときは、「次期国家主席として指名されたのでは」との推測が流れた。胡錦濤の肝煎りで一〇年間育て上げた人物であり、非常に優秀でもある。実際に実績も挙げた。次期の国家トップとして相応しいというわけだ。

しかし、同時にそのときマイナス要素として挙げられたのは、やはり運の悪さ、巡り合わせの悪さということだ。それは河南省時代に限らない。遼寧省時代の〇五年、炭鉱事故で一四〇人が死んだ。中国ではもともと炭鉱事故が非常に多く、実際は李克強だけの問題ではないのだが、今や彼は「李克星」と呼ばれる羽目になっている。この「星」とは「災害の星」という意味だ。続いて〇七年には二九人が炭鉱で死亡。三二人が溶鉱炉で死亡、二五人がカラオケバーで死亡とずっと続いている。中国では一〇人以上死亡になると「重大事故」扱いで、二時間以内に中央トップに連絡しなければいけない。こうして災害が立て続けに起きているのだが、報道は抑えられている。私が見るところ、それはやはり、李克強が将来の星だからだろう。

李克強の特徴——本の虫、時間に正確、英語が堪能

彼の特徴については、「本の虫である」「時間を無駄にしない」ということが有名だ。どこに行ってもまずは本屋に入り、政治、経済、法律、文化といった分野の本を買い漁っている。おかげで家は本だらけだという。そして、普通一般の中国人と違ってきっちり時間通りに動く。

さらに彼の特徴は、英語が非常にうまいということだ。だんだん多くなっているとはいえ、それでもまだまだ中国は英語に堪能な人が少ない。昔の中国の指導者で英語ができる人は限られていた。日本の総理大臣と同じだ。

ある日、李克強が外国人と会見した際、通訳が特別な理由で遅れたことがあった。ところが、通訳が着いた頃には、自分で英語を話し、だいたい会談を終えていたという。彼の奥さんが大学で英語を教えているという事情もあるだろう。

日本人が中国の官僚に対して持つイメージは、概して厳《いか》めしそうだというものだが、その実、多くの共産党幹部は、勉強や研究もしないで遊び歩いている。一日中いい車を乗り回し、地方調査の名目で遊びに出かけ、カラオケに行ったり、豪勢な食事をしたり、そうした汚職や腐敗にまみれた官僚がかなりいる。中国の大問題の一つだ。

これに対し、李克強はいつも「革命と学習は勝利の宝である」という毛沢東の言葉を持

ち出し、人に勉強を勧めている。この毛沢東の言葉は、かつて毛沢東の後継者とされた劉少奇が熱心な勉強家だったので、毛沢東が「私たちは三日間勉強しないとすぐ彼に追い抜かれてしまう」と語っていたことによる。毛沢東時代は誰もが非常によく勉強していた。呉の将軍、呂蒙《りょもう》の喩《たと》え（※）と同じだ。もともと学のない人が、リーダーになってから一生懸命勉強したのだ。建国当時の中国には、そうした幹部が多かったのだ。

※呂蒙（一七八～二一九）
三国志の時代に活躍した勇将。呉の孫権に仕え、赤壁の戦いを初めとする多くの戦役で戦功を挙げた。戦は強いがまったく教養のなかった彼は、主君の孫権に学問の大切さを説かれたことをきっかけに猛勉強を始め、短期間で儒学者以上の学問を身に付けたと言われる。彼の語った「士別れて三日なれば刮目《かつもく》して相待すべし」（士というものは、三日も会わなければ大きく変わっているものだ、という意味）という言葉は有名。

習近平と李克強の後継レースの帰趨《きすう》は？

「胡錦濤の次にくるのは誰か」という問題については多くの人が様々な意見を言ってきた。それらはあくまで憶測であるし、人事が動き出したとはいえ、まだ五年後になることを思えば確定的なことは誰にも言えない。少し前までは、ほとんどの人が共青団派で遼寧省書記の李克強が最有力だと考え、彼を一生懸命に追いかけていた。日本人などはこぞって遼寧省詣《もう》でを行なっていた。

しかし、これまで述べてきたような様々なファクターを通じて、改めて習近平と李克強を比較してみるとどうだろうか。ここで、このライバル二人に絞って比較検討してみよう。

その一　風水に見る天の意

まずは「風水」だ。風水から言うと、李克強には「木」があるからまだいいものの、「水」が入っていない。「木」がなければもっとひどい。さらに「克強」は「強いものに克つ」という名前だが、これは実は中国で一番嫌われることなのだ。野心を見せるので上から警戒されて出世できなくなる。日本人は、彼が胡錦濤に一番近いブレーンであること、河南省や遼寧省である程度の実績を残したことなどを評価しているが、中国人は風水の国だからまずは名前をみるのだ。

日本人の政治家や中国専門家の中には、「それでもやはり李克強が最有力だ」と言う人もいる。李は動きが早いし、「胡錦濤は自分のブレーンから選ぶ」と考えているのだろう。しかし今回、習近平の名前が出てきた時に、中国人の多くは日本人ほど驚かなかった。「習近平」を風水の観点からみると、彼の登場にも納得がいくからだ。中国は風水的には「土」の国で、「水」がないと救えない。「習近平」という名前は「平（＝水を入れる瓶）」に「近」いと読める。風水からいえば習近平の登場は自然なものなのだ。これもある意味で「天の意」と言えるだろう。民の意ではない。中国は選挙の国ではないのだ。

その二　エンペラーとしての風格

李克強と習近平の違いはさらに風格の面で著しい。そう言われても日本人にはピンと来ないかもしれないが、これも中国人にとっては非常に重要な要素だ。李克強は総理なら良いだろう。しかし、総書記あるいは国家主席といった党や国家のトップとなると習近平がピタリとはまる。中国人があの二人を観察すると、見た目からして人間の器が違うと見えるのだ。習近平は他人との話し方も風格を感じさせる。表現は悪いが、李はまるで謀略を企んでいるかのような雰囲気を漂わせている。

習近平は顔も大きく、大らかな印象だ。本当にそうであるかは別にして、李克強はコソコソしているイメージだ。耳が小さいこともマイナスだ。習近平は耳が大きい、いわゆる「福耳」の持ち主。毛沢東に似ており風格がある。中国では、こうした風貌《ふうぼう》がエンペラーの風格と思われるのだ。風格あるいは貫禄という意味では、李克強は実務をこなす総理がイメージ的にはしっくりくる。台湾総統だった陳水扁《ちんすいへん》も失格だ。貫禄がない。ああいう顔は

「奸臣《かんしん》」と言われて、中国人的には駄目なのだ。中国人は風格を大事にし、「天の意」を重視する民族なのである。

　これが日本人には分からない。これは文化や伝統の違いであって、いい悪いというものではない。ただ、なんでも合理的に考えようとする日本人は、「習近平は、曾慶紅と江沢民と胡錦濤の三者のやり取りで決まった」と言う。「争いを繰り広げ、取引し、最後の最後でまとまったのだ」と言うのだがそうではない。力関係を言うなら、江沢民よりもむしろ胡錦濤の意見の方が通っている。李克強は胡錦濤に近いからと言うが、人間は近ければ近いほどその人の欠点が分かるという側面だってあるだろう。

　李克強は能弁であり、確かにPR能力に長けている。第一七回党大会でも、李克強はどこに行ってもバーッとしゃべっていた。映像をみると分かるが、習近平は二時間半で一言も話さなかった。最後の最後で、「ところで」と言って上海の話を始め、「1．優化産業構造、2．環境友好型資源節約型、3．経済創新駆動型、4．民生関心型、5．財政為民型」（産業を優れた構造にすること、環境をよくすること、起業を応援すること、民生を中心にすること、財政は市民のためになるものにすること）と政治方針を淡々と語ったのだ。中国人にはこれが「風格あり」と映る。こういうところを日本人は全然見ていない。

その三　経済的実績の差

第三に比較するとすれば、経済やその他の政策上の実績だ。習近平は福建省と浙江省の書記をそれぞれ務めた。その前には河北省での勤務も経験している。福建省は台湾に近く、広東省に次いで中国第二の資本主義の地だ。

中国における経済圏の分類は識者によって異なり一定しないが、それでも次の三地域が大きな発展を遂げているのは異論のないところだろう。

広東省、福建省――→珠江《しゅこう》デルタ…八〇年代以降発展
浙江省、江蘇省――→長江《ちょうこう》デルタ…九〇年代以降発展
山東省、北京市、天津《てんしん》市→渤海湾《ぼっかいわん》デルタ（黄河デルタ）…現在発展中

習近平はこれらの三地域すべてを経験している。これも天の意だろう。李克強が経験したのは、中国で最大の人口を擁する河南省、そして東北地方で工業第一位の遼寧省だ。

ここで例えば、習近平と李克強で「どちらがトップに相応しいか」で投票を行なったとしたらどうなるだろうか。確かに李克強も経済的な実績については立派だが、「管轄地に蔓延したエイズ禍に無策のまま異動」「河南省でも遼寧省でも重大事故が多発」というのが決

定的なマイナス要因となってしまう。遼寧省を工業化した功績があるとはいえ、「同省もまだまだ産業をよくする必要がある」と見られている。

彼が行くところ必ず問題が起きる。しかもそれを抑えることができないのだ。「彼は不運だ」と同情する向きもあるが、「克つ」という字なのに事態を「克服」できない。

さらに付言するなら、ボスとして人を指導してゆく気質があるかという問題がある。例えば、胡錦濤がボスを務められるのは、一五年近く女房役として忍従し、共産党という苦しい台所を切り盛りした経験があるからだ。李克強にそれができるだろうか。中国ではやはり「修練が足りない」「時間がかかる」とみる向きが多い。経済学を修めたインテリであり、遼寧省ではそれなりの実績を挙げているが、国全体のトップリーダーとしてはもう一段の修練が必要だ。

例えば、共産党の出世コースとして広東省赴任がある。上海派の、政治局常務委員である李長春のように、広東に行って経験を積ませれば可能性が出てくるかもしれない。

ここまで分析すれば話が見えてくるだろう。習近平の方は浙江省の平均年収を全国一にしたという実績がある（北京や上海などの直轄市は除く）。大きなミスもなく、地域住民との関係も良好に保っている。そしてこれは後で詳しく述べるが、彼は上海で「江沢民王国」を粉砕するという大戦果をも挙げているのだ。これは胡錦濤の心証を良くする上で決定打となった出来事だと言ってよい。「大清国の新皇帝（習近平）、北大府の新総理（李克強）」

で誰も文句はなかろう。

その四　血統の力を持っているか

第四の違いは、エンペラー、あるいは指導者として必要と思われる血筋だ。例えば、太子党の兪正声《ゆせいせい》は青島市から上海市書記へ。薄熙来《はくきらい》は大連市から重慶市の書記へと移っている。太子党はそれなりにバックボーンがあるから、重要地域の政治を経験する出世コースに乗れるのだ。李克強は父がそんなに偉くないし、共青団で頑張っただけだ。北京時代には一度落選してもいる。

ただ、李克強には人脈はある。巻き返せるとすれば、この人脈と人気が武器になるかもしれない。人気、人脈、「人力」の三つがないと中国ではナンバー1になれない。人脈が自ら築くものだとすると、「人力」とは、いざというときに力となるものをもっているかどうかだ。習近平には建国の英雄・習仲勲という血がある。これがない李克強が厳しいのは確かだ。

これは文字通り遺伝子の違いだ。太子党には人気はないが、こうした血統という力を持っている。ただ、この「人力」を自分自身の能力というようにストレートに解釈するとどうだろうか。多くの場合、太子党にはこの真の意味での「人力」が欠けていると言わざるを得ないだろう。

太子党は、他の人が一〇年かけて歩む道をだいたい二年で歩んでしまう。コースと時間を短縮できてしまうのだ。太子党はそうやって出世していく。しかし習近平は太子党であるにも関わらず多くの時間を費やして、ここまでやってきた。堅実であるのは間違いない。

李克強にもう一度チャンスがあるとすれば、彼自身が次の五年間で何か大きな実績を挙げるか、習近平に何か大きなミスがあって、党内の人気にかげりが出るというケースだろう。

その五　軍を掌握できるかどうか

胡錦濤にとって経済改革と軍の掌握の二つが大テーマである。習近平は実績に表れているように経済がよく分かる人間だ。胡錦濤に協力する人物として一番好ましい経済通だろう。もう一つ、なぜ胡錦濤が習近平を使うかというと、李克強を使うと軍を掌握できない可能性が高いからだ。

確かに、習近平は軍事委員会副主席への就任を今回は見送られた。今回、もし軍事副主席となっていれば、五年後の軍事主席就任はほぼ確定であった。あまりにも早くこの権限移譲を確約することについては、やはり胡錦濤としては一定の警戒心を持っていたのだろう。そうでなくとも習近平には亡き父と妻という軍とのコネクションがあるから、なおさらである。もう少し様子見の時間がほしいというのが本音だろう。

しかし、ライバルである李克強に軍の経験も軍とのつながりもない以上、結局は軍部に関しても習近平に託すより他はない。胡錦濤は「こうした父のバックボーンがあれば、彼は軍を掌握できるだろう」と読んでいるのだ。これが李克強だと軍をまったく抑えられない。これも日本人には理解しづらいだろうが、中国では軍を掌握できるかどうかは極めて大きなリーダーの条件なのだ。

習近平は日本嫌い

ちなみに、日本と戦った父の影響からか、習近平は日本に対して決して友好的な人物ではない。その証拠に〇六年、彼が治めていた浙江省では、日本メーカーのデジタルカメラなどを槍玉に挙げて日本企業バッシングが起こっている（※）。日本企業いじめとしか考えられない嫌がらせであった。

世間では「数年後には中国軍が大きくなってアメリカとの覇権戦争になる」という話もあるが、胡錦濤政権の間はむしろ人民解放軍の力を抑えていく方向に進むだろう。「和諧社会」建設の中には、江沢民時代の対外強硬路線を改めるという意味もあるからだ。

今回留任した郭伯雄《かくはくゆう》と徐才厚《じょさいこう》という二人の軍事副主席は、江沢民によって任命された人物だが、彼らの上に胡錦濤が居座っている間は、人民解放軍はまったく「軍」の体を成さないだろう。胡錦濤は「人民解放軍」ではなく、「中国人民和平軍」という名称にすることを目指しているという話もあるくらいだ。

アメリカが弱くなれば、相対的に中国の軍事力は強くなるだろうが、少なくとも胡錦濤の時代には、自ら戦争を誘発したりはしないだろう。しかし、軍と親和性のある習近平の時代は未知数である。国内ではいろいろ民主的な改革をしていくだろうが、対外的な行動がどうなるかは予想できない部分がある。

さて、ここまで「習近平がナンバー1で、李克強がナンバー2なのはなぜか」という疑問に答えてきたが。もう一つ理由を付け加えるならば、胡錦濤は穏やかな人で、「以柔克剛」という人物を好むからだ。李克強に対しても情はあるはずだが、彼のような「以強克強」の人はリーダーとしてマイナスであると見なしているだろう。香港紙「明報」の元記者で、現在はアメリカで活動する何頻《かひん》は「習近平が出てくれれば独裁に走らずに中国共産党のバランスが取れる」と分析している。

習近平には、国家主席や軍事委員会主席などのポストを与え、外交政策や、マカオや香港などの采配を任せることになるだろう。彼は福建省にいたので、香港に対しても柔軟性のある態度を取ることができるからだ。李克強には、バブルやインフレ調整などの経済問題を始め、国内の政治全般を任せるという計画と見て間違いはないだろう。

※浙江省の日本企業バッシング
○五年一二月、浙江省はデジタルカメラ三四種を検査し、うち一三機種が基準を満たさない「不合格品」であるとして、販売を禁止にした。一三機種のうち六機種がソニー製であり、ソニーは回収交換に追われることになった。当地メディアもこれを大きく報道したため話題となった。

用意周到な習近平抜擢

以上、述べてきたように、胡錦濤は習近平にもともと目をつけていた。急に出てきたわけではなく、ずっと前から胡の念頭にはあったのだ。組織部長、つまり日本で言う人事部長は、太子党のボスである曾慶紅だったが、胡錦濤の方は習近平に目をつけていた。習近平は清華大学の後輩に当たり、父の習仲勲は自分の親分である胡耀邦の同志だからだ。

かつて、その習仲勲が中央書記処常務書記に推されたが、鄧小平によって拒否されるということがあった。もし習近平を早い時期に常務委員に抜擢しようとしていれば、かつて鄧小平が邪魔したように曾慶紅によって撤回させられていただろう。習近平は太子党の中では異色の存在だ。太子党の連中も習近平のことは好きではなく、あまりに早い出世は、彼らの嫉妬を刺激することになる。したがって、曾慶紅が習近平の面倒をみることはなかっただろう。〇八年の全人代で太子党の親分として幅を利かせていた曾慶紅は引退したが、それと入れ代わるように重要ポストに習近平が就き始めたことを見ても、胡錦濤が用意周到に考えていたことが分かる。

この胡錦濤の戦術が、もっとも鮮やかに当たった事例を紹介しよう。それが胡錦濤と対江沢民派の天王山の戦いとなった「上海大地震」だ。

「独立王国」上海に対する政治闘争

〇六年から〇七年にかけて起こった「上海大地震」とは何か。

上海トップの市党委書記、陳良宇《ちんりょうう》を初めとする上海派の大物たちが、汚職容疑で次々と摘発されて失脚していった事件、それが「上海大地震」あるいは「上海政変」である。摘発を行なったのは、胡錦濤らが北京から派遣した党規律検査委員会。上海を根城に腐敗汚職の限りを尽くす江沢民派に対して、胡錦濤らが乾坤一擲《けんこんいってき》で仕掛けた政治闘争であるとされている。この一件により、胡錦濤は江沢民を屈服させ、上海派に大打撃を与えた（※）。

これより前、江沢民派の跳梁《ちょうりょう》によって、上海はまるで独立王国のような様相を呈していた。市長の陳良宇は公然と北京に反抗し、中央の統制を拒否していた。また無法な経済至上主義が最も先鋭化し、構造的汚職が蔓延する都市でもあった。北京による「上海統制」の回復、そして上海経済の健全化が中央にとって急務となっていたのだ。

※〇八年四月一一日、天津市第二級人民法院は陳良宇に対し、収賄、職権濫用などの罪で懲役一八年、財産没収三〇万元（約四五〇万円）の判決を言い渡した。陳の側近らについて執行猶予付き死刑、無期懲役などが確定しているのに比べて量刑が軽いことから、上海派への一定の政治的配慮を示したものとする見方もある。

なぜ習近平が上海制圧に投入されたのか

ここで、胡錦濤はこの「上海浄化」という難題を習近平に託す決断をした。江沢民派を一掃し、後始末をさせることにしたのだ。

この場合、李克強を上海に行かせることはできなかった。なぜなら、江沢民派を排除するために子飼いの李克強を出すとさすがにストレートすぎるからだ。「共青団派」対「江沢民・上海派」の派閥闘争になってしまい、強烈な抵抗が起こる恐れもあった。ところが、太子党の習近平ならば反発が起こりにくいというメリットがあるのだ。彼が当時赴任していた浙江省は上海と地理的に近く、勝手が分かるだろうという判断もあった。

ここで胡錦濤の心の動きを見てみよう。

ここまで見てきたように習近平は、確かに胡錦濤とは因縁浅からぬものがあったのは事実だ。様々な「エンペラー」としての資格も持っている。しかしそれでも一〇年前までであれば、やはり胡錦濤にとっても、共青団で同じ釜の飯を食い、実際に苦楽を共にしてきた李克強の方に愛着を感じていただろう。

胡錦濤は将来を見越して李克強に経験を積ませてきた。共青団時代以降も、「農業の河南省」と「工業の遼寧省」をそれぞれ経験させた。共産党中央と地方の経験を積ませて、農業と工業の能力を磨いた。中央、農業、工業、この三つの経験があれば（どうせ軍の経験はできないので）充分に共産党のリーダーを務めることができる。

しかし情勢は刻々と変わり、胡錦濤も経験をつんで政治闘争の現実に精通してゆく。争いや駆け引きを繰り返す中で、胡錦濤は自らの持つ李克強というカードの脆弱《ぜいじゃく》さを自覚していったはずだ。胡錦濤の心中では「重大なミスがなければ李克強が一〇〇％自分の後継者」だと考えていたに違いないが、党内の圧力、批判や反発は予想以上に強かった。しかも、カリスマ鄧小平と違って自分は指名できる立場ではない。

そうである以上、みなの意見を聞いてバランスを取るしか方法はない。李克強、あるいは共青団派というカードだけでは政治闘争において主導権を握ることはできない。そこで浮上してきたのが習近平だ。

折からの「上海制圧」という課題を果たすためにも、共青団だけではなく太子党を利用する必要がある。本来は江沢民派であった太子党の曾慶紅を自派に寝返らせたのはその表れだ（※）。

習近平の中央政治への引き上げを図るにあたり、胡錦濤は考えを巡らせた。習近平と李克強の後継争いにおいて、胡錦濤自身の気持ちを整理してけじめをつけるという意味合いもあったに違いない。そこで「上海の改革ができるか」という〝試験〟を習近平に課すことにしたのだ。上海における中央統制の回復、行き過ぎた拝金主義の抑制、こうした改革を成功させれば彼を後継者とし、もし駄目なら李克強にすると考えたのだ。そして、習近平は胡錦濤が課した試験を見事クリアしたのである。

上海にあれほどの大激震がなければ、習近平は浙江省から中央に進出していたかもしれない。ただその場合は、まずは政治局委員からのスタートという常識的なものになっただろう。常務委員となるにはワンランク足りない。「天の意」で習近平にも胡錦濤にもいいカードが渡されたわけだ。胡錦濤はそのカードを利用した。北京から上海に落下傘部隊として派遣する人材として、共青団の劉延東という案もあったようだが、彼女も共青団派であり、李克強と同じ理由でそれは困難だっただろう。

※曾慶紅の寝返り
曾慶紅は江沢民に次ぐ上海派ナンバー2であり、一五年にわたり江沢民を支えてきたが、胡錦濤派に寝返った。胡錦濤と共に、革命事跡が数多く残る河北省平山県西柏坡《せいはくは》を視察した際に忠誠を

誓ったため、「西柏坡の誓い」と言われる。これで江沢民派の現政権への影響力は大きく後退した。

政変の端緒となってきた上海

上海は、現代中国史において幾度も政変のきっかけが開かれてきた土地だ。一九六五年、毛沢東は上海の新聞『文匯報《ぶんわいほう》』に掲載された「『海瑞《かいずい》免官』を評す」という論文をきっかけに「文化大革命」を発動させた。それは「大躍進」失敗によって威信を失墜させた毛沢東が、権力を取り戻すために、劉少奇ら「改革・実権派」に対して仕掛けた権力闘争であった。

それから四半世紀後、天安門事件で勢いを盛り返した守旧派・保守派によって「改革開放」路線が反故《ほご》にされ、江沢民政権もまた保守化しつつあった。ところが九一年、上海市党委の機関紙『解放日報』に改革開放を促す皇甫平《こうほへい》という人の論文が突如として掲載され始めた。その論文は明らかに鄧小平の意向を反映したものであり、引退していた鄧小平が上海で改革開放推進のために反撃の狼煙を上げげたものだった。この一年後、鄧小平は深圳や上海から「南巡講話」を発表し、公然と執行部批判を行なうことになる。

そして今回の「上海大地震」である。これにより、江沢民一派の勢力は削《そ》がれ、上海は習近平によって北京中央の統制に服することとなった。

江沢民が出世のきっかけをつかんだのも上海

歴史の皮肉と言うべきか、江沢民が総書記に出世するきっかけを掴《つか》んだのも、上海での勤務経験だった。江沢民はもともとモスクワに留学してエンジニアの勉強をした人だ。中央では電子工業部部長となった。日本なら通産省の大臣くらいだろう。その後、上海に配属され、市長と党委書記になった。

江沢民が総書記に抜擢されたのは、天安門事件直後というデリケートな時期にあって、改革派でも保守派でもないという微妙な立場が幸いしてのことだと言われている。しかしそれともう一つ、江沢民の接待攻勢も理由に挙げられるだろう。鄧小平は毎年のように上海の迎賓館に行っていた。その度に江沢民は鄧小平のそばに座って接待を繰り返したようだ。体の大きい江沢民が、一生懸命に小柄な鄧小平の世話をしていた。そこで気に入られて、鄧小平が上海から連れてきたというわけだ。

皇帝は地方に視察すると、その度に大勢の人を中央に連れて帰る慣わしだった。現代の共産党も同じだ。私（孔健）は北戴河《ほくたいが》出身で、母は中共中央の北戴河専属病院の医者だった。北戴河は北京に近く、共産党幹部の避暑地になっている場所だ。北戴河の区長はほとんど毎年変わっていた。毎年、毛沢東らが避暑に来ており、気に入ったらすぐ一緒に連れて帰っていたからだ。

中国には「近水楼台先得月」という言葉がある。「あなたはどこに座ったら先にほしい物をもらえるか」という意味だ。例えばこの北戴河の区長になればすぐ出世できたのだ。江沢民が上海市長をやっていた当時、鄧小平のライバルである陳雲という副首相もよく上海を訪れていた。八九年に天安門事件によって趙紫陽が失脚した後、江沢民は武力を使わずに上海を沈静化させた実績を買われて北京から呼ばれた。改革派と保守派との妥協によって「中間派」の彼に白羽の矢が当たったわけだ。これがなければ江沢民がいくら上海で頑張ってもチャンスが巡って来ることはなかっただろう。

総書記が上海から生まれるという前例

江沢民はちょうど家で食事をしている時に、北京の中央委員会から召集の指示を受けた。この時、江沢民は真っ青になったという。彼は、北京で趙紫陽らの改革派が巻き返し、保守派の弾圧を始めたのではないかと疑ったのだ。「上海で民主化を抑え込んだ自分は逮捕されるのではないか」と戦々恐々としていた。ところが、思いがけず総書記就任の要請がなされたのだ。ひっくり返るような思いだっただろう。実際、上海でその知らせを聞いた妻はその場で卒倒したという。

ここで、総書記が上海から生まれるという前例ができた。中国では前例なしに物事を決めるのにはよっぽど力が要る。カリスマ鄧小平でなければ無理な相談だ。胡錦濤は習近平を上海から引っ張ったが前例をつくったわけではない。ともかく、上海市の書記はそれなりの人でなければ務められなくなった。逆に言えば、それをやった人間には総書記の可能性が出てくる。

胡錦濤は毛沢東の文革を教訓として上海を重要視しており、習近平を繰り出して上海を制圧させたのだ。歴史的に上海は常に混乱の発火点だった。だからこそ最重要人物を上海に向かわせたということだ。

「江沢民は自己満足的な人間」

八九年から〇二年一一月までが江沢民の支配だった。〇二年九月、江沢民引退の情報を漏らした香港の記者が逮捕されるという事件があった。その記者はつい先日やっと釈放されたが、〇八年三月をもって江沢民派の多くが引退の時期を迎えるため、彼も時効になったということだろう。

江沢民は引退に抵抗し、〇二年に胡錦濤に国家主席を譲った後も〇四年まで軍事委員会主席として政権中枢に居座っていた。立場に固執し、延々と続けようと思っていたのだ。実に一五年間も中国を支配していたことになる。

江沢民は鄧小平の改革開放路線を概ね受け継ぎ、確かに驚異的な経済発展を推進した。しかしそれに対しては「鄧小平の先富論を極端なレベルにまで推し進めたものであり、一握りの人間が大金持ちになるシステムをつくっただけだ」という批判も多い。

農業等を犠牲にした野放図な経済至上主義により、環境破壊や資源枯渇、強引な土地収用などが深刻化し、絶望的なまでに貧富の差が広がった。資本家が入党する道をつけ（※）、企業の私有化や党員の資本活動を活発化させ、汚職腐敗が加速することになった。

江沢民派から胡錦濤派に寝返った曾慶紅は、重要ポストから引退した後、中央書記処で江沢民批判の演説をしている。それは江沢民の人格攻撃にまで及んでいる。「江沢民は自己満足的な人間であり、かつての先輩革命家たちよりも命令好きである。肝心の共産党の建設については何もやってない」と辛辣《しんらつ》だ。

胡錦濤に対しても、返す刀で「保守的で慎重すぎる。ミスを恐れすぎだ」と多少の批判をしている。「胡錦濤はその意味では江沢民のようにやってもよい。江沢民は自分が一番の人間だ。経済改革は党よりも人民のためにやらねばならない。政治改革もそうだ。改革開放の開始から三〇年を経て、中国の国力は上がり、市民生活は改善されているが、賄賂が横行し、党と国民の対立は深まっている。胡錦濤はもう一歩大胆に改革を行なってほしい」と語っている。

※資本家の入党
○二年第一六回共産党大会で党規約が改正され、共産党は「1．先進的な社会生産力の発展の要求、2．先進文化の前進の方向、3．最も広範な人民の根本的利益」の三つの代表であるべきだとする「三つの代表」概念が導入された。3の「広範な人民」は資本家の入党をにらんだ表現であり、労働者の代表として出発した共産党はここで大きな転換点を迎えた。

江沢民の上海から習近平の上海へ

江沢民が国家主席に就いて以降、上海は、江沢民との関係が深い一部の人間が肥え太る構造的腐敗の舞台となっていった。それがいかに大規模で深刻なものであったかは、中央規律検査委員会の調査によって明らかになった。市長の陳良宇を始め、周正毅《しゅうせいき》や張栄坤《ちょうえいこん》といった上海財界の大物たちが逮捕され、調査のメスが黄菊や江沢民の長男である江綿恒《こうめんこう》の身辺に迫るに及んで、ついに江沢民も屈服するに至ったのだ。

江沢民が総書記であった時代、江沢民は一度も（香港、マカオ、深圳などがある）広東省に行っていない。国際会議などはほとんど上海でやっていたからだ。私も一度、上海の会議に参加して騙《だま》されたことがある。上海がいかに江沢民中心で動いていたかを示すエピソードだ。

上海でアジア開発銀行の忘年会があった時のこと。日本も融資した銀行なので大蔵省（当時）の次官クラスも参加したが、その時はマスコミだけで二〇〇〇人、その他の参加者は三〇〇〇人で計五〇〇〇人が単なる忘年会に詰め掛けた。私の経験では、この種の集まりは五〇〇人規模が普通だ。アジア開発銀行開行以来、五〇〇〇人が集まったことなど絶対にないだろう。「江沢民同志も参加されるので、皆さんお集まり下さい」ということで開催側が彼を利用したのだ。確かに江沢民は来たが少しスピーチしただけで、私は遠くてよく分からなかった。私は参加費五〇〇ドル、ホテル代五〇〇ドル、計一〇〇〇ドルかかってしまった。

江沢民時代は上海が完全に総本山になり、そこは江沢民の意のままであった。反対に、胡錦濤は江沢民時代には一回も上海には行っていない。それが「上海大地震」後の〇七年、胡錦濤は半年で三回も上海に行っている。習近平のテストで敏感な時期だからだ。彼が改革を成し遂げ、「江沢民の上海を習近平の上海にできるのか」を後見人として観察したのだ。

SARS騒動で中央の統制に服さなかった上海

胡錦濤が上海派の排除を決意したのは、〇三年に猛威を振るったSARS発生時における出来事がきっかけだと私は考えている。胡錦濤はこの時、上海が国家主席である自分の

料金受取人払郵便

荏原支店承認

246

差出有効期間
平成22年2月
14日まで
(切手不要)

1 4 2 - 8 7 9 0

東京都品川区
平塚2丁目3番8号

幸福の科学出版(株)
愛読者アンケート係 宛

ご愛読ありがとうございました。
お手数ですが、今回ご購読いただいた書籍名をご記入ください。

書籍名

フリガナ お名前	男・女	歳
ご住所 〒 都道府県		
お電話( ) —		
e-mail アドレス		
ご職業 ①会社員 ②会社役員 ③経営者 ④公務員 ⑤教員・研究者 ⑥自営業 ⑦主婦 ⑧学生 ⑨パート・アルバイト ⑩他( )		

愛読者プレゼント☆アンケート

ご愛読ありがとうございました。今後の参考とさせていただきますので、下記の質問にお答えください。抽選で幸福の科学出版の書籍・雑誌をプレゼント致します。(発表は発送をもってかえさせていただきます)

1 本書を、どのようにお知りになりましたか？

①新聞広告を見て［朝日・読売・毎日・日経・産経・東京・中日・その他（　　　　）］
②雑誌広告を見て（雑誌名　　　　　　　　　　　　　　）
③交通広告を見て（路線名　　　　　　　　　　　　　　）
④書店で見て　⑤人に勧められて　⑥月刊「ザ・リバティ」を見て
⑦月刊「アー・ユー・ハッピー?」を見て　⑧幸福の科学の小冊子を見て
⑨ラジオ「天使のモーニングコール」を聴いて
⑩幸福の科学出版のホームページを見て　⑪その他（　　　　　　　　　　）

2 本書をお求めの理由は？

①書名にひかれて　②表紙デザインが気に入った　③内容に興味を持った
④幸福の科学の書籍に興味がある　★お持ちの冊数＿＿＿＿冊

3 本書をどこで購入されましたか？

①書店（書店名　　　　　　　　　）②インターネット（サイト名　　　　　　　）
③その他（　　　　　　　　　　　）

4 この本を読んでのご意見・ご感想、また今後読みたいテーマを教えてください。

（なお、ご感想を匿名にて広告等に掲載させていただくことがございます）

5 今後郵送やe-mailにて、弊社からの新刊案内等をお送りしてもよろしいですか。

希望する　・　希望しない

6 今後読者モニタとしてお電話等でご意見をうかがわせていただいてもよろしいですか。（図書カード等の謝礼を用意いたします）

希望する　・　希望しない

ご記入いただきました個人情報については、同意なく他の目的で使用することはありません。ご協力ありがとうございました。

コントロールをまったく受け付けないという現実に直面したのだ。

ＳＡＲＳで大騒ぎになったとき、例えば北京の市街からは人影が消えてしまった。誰も外に出ないため、外は静かなものだった。「ばい菌が飛んでくる。それが人間の体に触れたらすぐ死んでしまう」という恐怖があったのだ。初め、ＳＡＲＳは広東省で発生して、広東省の医者が北京の人民解放軍病院に入院させた。そこで軍病院は愚かなことに、病院へのＳＡＲＳ検査に際して隠蔽《いんぺい》を図り、「うちには患者はいない」と患者を車に乗せて北京市内をぐるぐる回し、検査チームが帰ってから病室に戻すということをした。それが北京に蔓延した原因であると言われている。

ＳＡＲＳ隠蔽で中国は国際的な非難を浴びたが、虚偽発表の責任を取って、北京市長の孟学農《もうがくのう》と私の友人でもある衛生部長・張文康《ちょうぶんこう》がクビになった。張文康は江沢民の主治医であり、一方の孟学農は胡錦濤のブレーンである。胡錦濤はやむを得ず、涙をのんで孟学農をも一緒にクビにした。この件では、上海派閥との痛み分けとなった。泣いて馬謖《ばしょく》を斬ったのだ。

上海でもご多分に漏れず、既に何人も死者が出ているにも関わらず隠蔽工作に躍起だった。ただ、ＳＡＲＳの惨状や隠蔽もさることながら、それ以上に胡錦濤に危機感を抱かせたのは、一連の対策において上海当局がまったく中央の統制に服さないという事実だった。上海は国家主席である自分の命令を聞かない。「このままだと中国は南北に分裂する」と胡錦濤は考えたに違いない。

そこで〇四年、胡錦濤は江沢民に対して、軍事委員会主席の座を明け渡し、重要ポストから完全引退するよう勧告した。引退の条件として、「長男の江綿恒に中国の電信事業における巨大な利権を認める」「共産党の指導者になる可能性を残す」といったことなどを口約束して降ろさせた。このまま江沢民の影響力を残せば、既に「大司令部」の様相を呈している上海は事実上分離・独立してしまうと判断したのだ。

かつて江沢民が北京入りした時、北京市長である陳希同《ちんきどう》（※）は彼の言うことを聞かなかった。同じように胡錦濤の指示を上海市長・陳良宇が聞かない。江沢民の権威をバックに、彼は胡―温政権を露骨に批判しさえした。

そこで胡錦濤は、江沢民との関係が薄く、しかも将来性のある人物を上海に派遣することにした。共青団以来の部下もいるが、彼らの登用は外からの反発を招く恐れがあり、能力的な問題もある。それで習近平を出した。「外からみると太子党を採用したように見える」という利点も大きかったのである。

※陳希同（一九三〇―）
北京市書記などを勤め、北京を地盤に活動した「北京閥」の一人。第一四回大会で中央政治局委員となった。上海から総書記に就任した江沢民に反抗し、その政策にことごとく反対した。しか

し、上海派の暗躍により汚職を摘発され九七年に失脚。翌九八年に実刑判決を受けた。

習近平の反上海派「封じ込め作戦」

習近平の使命の一つは上海にはびこる汚職の撲滅だった。上海市党委書記に就任した彼は共産党員に対して、私生活にまで踏み込んだ「七つの不（べからず）」（※）を示し、幹部登用の審査条件にすると発表した。中央政府も「行政機関公務員処分条例」を発表し、腐敗した公務員を一掃する方針を固めていた。

習近平は江沢民時代に計画された諸事業の見直しも進めた。上海に着いた途端、朱鎔基前首相が推進していたリニア・モーター計画を中止させた。これは新幹線を推していた胡錦濤の意向を受けたものだ。

有名な話だが、「李鵬《りほう》の長江ダム、朱鎔基《しゅようき》のリニア、江沢民の国家大劇院、これが共産党の三つの罪だ」と言われている。リニアは総予算三五〇億人民元の計画で、二〇一〇年上海万博前に完成予定だったが事業は凍結された。表向きの理由には環境問題などが挙げられているが、習近平が反対している本当の理由は、この計画が江沢民、朱鎔基、陳良宇ら上海派によるものだからだ。

※七つの不

①ポルノをみること禁止、②ストリップ劇場に行くこと禁止、③ソープランドに行くこと禁止、④自分を核とする私的なクラブを作ってはならない、⑤自分を核とする私的な酒宴を開いてはならない、⑥下ネタ禁止、⑦愛人を持ってはならない

江沢民王国の夢を崩壊させた習近平の功績

習近平が行なったことでもう一つ重要なことは、上海と浙江省と江蘇省とを併せて一つと見なし「長江デルタ」として統合したことだ。今までは、上海は上海だけで他との連携ができなかった。それが彼の働きで長江デルタというまとまりが形成されたのだ。上海主導型からの方向修正である。

これは上海が他地域との経済的な相互依存を強めることを意味し、ある意味、上海の相対的な地位が低下することにつながる。日本で言うと、京都、大阪、神戸を全部一緒にした「京阪神」ようなものだろう。

上海派は一〇年前から「上海は香港の変わりにアジアの金融センターになる」と宣言しており、香港はそれに反発していた。しかし、習近平が来てからそうした話も音沙汰なしになった。彼は「香港と金融マーケットを争うつもりはない。取って代わる気持ちはない。上海は中国の南の一市場に過ぎない。中国全体の金融センターとしての役割は香港にお願

いしたい。香港は既にアジアの重要な金融都市として存在している。そこと競争する必要はない」と明言した。

江沢民時代は、上海が香港にとって変わること、金融経済のメッカにすることを考えていた。さらに付言すると、「香港以上のディズニーランドを上海に誘致しよう」「香港の株式市場を止めさせて上海にしよう」というのが江沢民らの構想だったがこれも頓挫している。習近平は胡錦濤の試験項目を優秀な成績でクリアしたのだ。

こうした習近平の一連の施策により、江沢民派は「南王国独立の夢」を潰された。これは習近平の最高の実績である。

前述したアメリカの財務長官ポールソンが浙江省に行った時、「習近平ほど素晴らしい人物はいない」と激賞している。「浙江省の民営経済、個人経済が上手くいくようになった。浙江省から上海に行ってコントロールできるのは彼しかいない。市場経済に非常に詳しいし、上海での政策に対して自信満々でやる気充分だ」と彼は断言していた。

負けたと見せかけて勝つ胡錦濤の権謀術

こうして習近平は首尾よく上海でのテストをクリアし、第五世代の一番手として躍り出た。これが、〇七年秋における第一七回党大会での「二階級特進」へとつながるわけだ。

それでも胡錦濤は直前まで表向きは李克強こそが自らの「一押し」だったかのように振舞っていた。ここが肝心な点だ。この胡錦濤のポーズにより、習近平が李克強の上位に座ったことで上海派は「すべて胡錦濤の思い通りにはならなかった」と溜飲《りゅういん》を下げ、太子党も自派の躍進を喜んだ。これはすべて実は胡錦濤の計算である。胡錦濤が勝ったようなポーズを見せると総攻撃が始まってしまうからだ。

胡錦濤のこうした策士としての一面はどこから来ているのだろうか。それには彼の家系が関係しているのだろう。胡錦濤の家系は安徽省の商人だ。胡錦濤の父、胡樹銘《こじゅめい》は安徽省から上海に移りそこで数店舗を構えていた。安徽商人は昔から「徽商」と呼ばれ、中国十大商人の一つに数えられる。彼らは言葉巧みに商売相手を満足させるのが得意だ。例えば、清朝の役人に「これはいいお茶だ」と言って買わせ、次に土地の大物が来たら、「これこそホンモノのお茶で、さっきの役人に出したものよりもっと上質です」と言って買わせたりする。

昔の話だが、奴隷を売る場合でもそうだった。二人奴隷がいて、ある客が「体の大きいこっちの奴隷がほしい」と言っても「いや、中身を見ないと駄目です。むしろあっちの方がいい」と別の奴隷を買わせる。この時、商人は秘蔵っ子の奴隷を売りたくなくて嘘をついているのだ。胡錦濤にもこれと同じ血が流れている。相手の得になったように見せかけ、負けた状態をわざわざつくっているのだ。これが彼の性格だ。彼の戦術は「一歩一歩、地歩を固めて勝つ」というものだ。安徽商人の遺伝子に政治の要素が入るととてもではないが誰も敵わない。

もう一つ胡錦濤の恐ろしいところは、邪魔者を自然に引退させることだ。自分から言わせるのだ。例えば、彼の曾慶紅に対する人事をみると、彼を大事に使っているように見えて、心の中はまったく違うことが分かる。曾慶紅は寝返りの見返りとして、今回の人事では常務委員に留任すると見られていたが、大方の予想に反して引退する羽目になってしまった。しかも胡錦濤はそれを相手に自然と悟らせる。曾慶紅のような切れる人間ならば胡の考えが分かってしまう。江沢民には分からなかったようだが。李長春《りちょうしゅん》も賈慶林《かけいりん》も無理には辞めさせない。自分の邪魔にならない者は放っている。

鄧小平の呪縛が解け、改革の機運が高まってきた

これから先、中国を動かしていくメンバーはどうなるか。習近平は基本的に敵は少なくて色がついていない。出身母体がしっかりしていない、派に属していないということは弱点にも思えるが、中国では「敵がいない人＝友達」と捉える感覚がある。李克強は敵も味方も両方多い。

習近平の時代になると共青団派はどうなるか。これについては予想できないが、結局、

習近平は実務ができる人を登用するのではないかと思う。無色であるがゆえに派閥に執《と》らわれず、政治体制の改革を一緒に進める意欲のある人材が上がってくる。胡錦濤は共青団派、少数民族、女性を抜擢して大事にしているが、習近平はそうではない。体制変革をやれる無色の実務派が台頭してくるだろう。派閥の解体を叫んだ小泉元総理のようなものだ。

党の民主化、政治体制改革の機運が高まってきた。要するに鄧小平の呪縛が解けてきたのだ。「和諧社会」を説いていることからも分かるように、胡錦濤もそれを考えているが、自分までは鄧小平の指名による登板なので自ずと限界がある。

しかし習近平にはそうした制約がない。しかも彼は父の件で鄧小平を恨んでいる。「君子報復十年不晩」という言葉がある。君子の復讐は一〇年後でも間に合うという意味だ。鄧小平の死去は九七年。そろそろ一〇年が経った。

［第4章］

胡錦濤改革と新しいスターたち

——第五世代は何を目指すか

胡錦濤

●中共中央委員会総書記
●中華人民共和国国家主席
●中共中央軍事委員会主席

1942年12月生まれ。安徽省績渓出身。
清華大学水利工程学部河川枢紐電站学科卒。
工程師（※）。

※工程師とはエンジニア、経済師とはエコノミストのこと。現在の指導者には工程師が非常に多い。

■中共中央政治局常務委員

李長春

●中央政治局常務委員

1944年2月生まれ。
遼寧省大連出身。
ハルピン工業大学電機工程学部工業企業自動化学科卒。工程師。

賈慶林

●中央政治局常務委員● 11期全国政治協商会議主席

1940年3月生まれ。
河北省泊頭出身。
河北工学院電力学部電機電器設計学科及び製造学科卒。高級工程師。

温家宝

●中央政治局常務委員●国務院総理

1942年9月生まれ。
天津市出身。
北京地質学院地質構造学科卒。工程師。

呉邦国

●中央政治局常務委員● 11期全人代常務委員会委員長

1941年7月生まれ。
安徽省肥東出身。
清華大学無線電電子学部無真空器学科卒。工程師。

周永康

●中央政治局常務委員●中央政法委員会書記●中央社会治安綜合治理委員会主任

1942年12月生まれ。
江蘇省無錫出身。
北京石油学院勘探学部地球物理勘探学科卒。教授級高級工程師。

賀国強

●中央政治局常務委員●中央規律検査委員会書記

1943年10月生まれ。
湖南省湘郷出身。
北京化工学院無機化工学部無機物工学科卒。高級工程師。

李克強

●中央政治局常務委員●国務院副総理

1955年7月生まれ。
安徽省定遠出身。
北京大学経済学院経済学科卒。経済学博士。

習近平

●中央政治局常務委員●中央書記処書記●中華人民共和国副主席●中央党校校長

1953年6月生まれ。
陝西省富平出身。
清華大学人文社会学院マルクス主義理論学科及び思想政治教育学科卒。法学博士。

■中共中央政治局委員

王岐山

1948年7月生まれ。山西省天鎮出身。西北大学歴史学部歴史学科卒。高級経済師。

王兆国

1941年7月生まれ。河北省豊潤出身。ハルピン工業大学動力機械学部渦輪機学科卒。工程師。

王楽泉

1944年12月生まれ。山東省寿光出身。中央党校研究生学歴。

王　剛

1942年10月生まれ。吉林省扶余出身。吉林大学哲学部哲学科卒。

習近平

前掲。

李長春

前掲。

劉延東

1945年11月生まれ。江蘇省南通出身。吉林大学行政学院政治学理論学科卒。法学博士

劉云山

1947年7月生まれ。山西省忻州出身。中央党校大学卒。

劉　淇

1942年11月生まれ。江蘇省武進出身。北京鋼鉄学院冶金学部煉鉄学科卒。教授級工程師。

回良玉

1944年10月生まれ。吉林省楡樹出身。回族。経済師。

The Best Selection of IRH Press 2008

張高麗

1946年11月生まれ。福建省晋江出身。厦門大学経済学部計画統計学科卒。

汪　洋

1955年3月生まれ。安徽省宿州出身。中央党校大学卒。工学碩士。

呉邦国

前掲。

李源潮

1950年11月生まれ。江蘇省漣水出身。中央党校研究生学歴。法学博士。

李克強

前掲。

賀国強

前掲。

兪正声

1945年4月生まれ。浙江省紹興出身。ハルピン軍事工程学院導弾工程学部弾道式導弾自動控制学科卒。工程師。

胡錦濤

前掲。

周永康

前掲。

張徳江

1946年11月生まれ。遼寧省台安出身。朝鮮金日成綜合大学経済学部卒。

薄熙来

1949年7月生まれ。山西省定襄出身。中国社会科学院研究生国際新聞学科卒。文学碩士。

温家宝

前掲。

郭伯雄

1942年7月生まれ。陝西省礼泉出身。解放軍軍事学院完成班卒。

徐才厚

1943年6月生まれ。遼寧省瓦房店出身。ハルピン軍事工程学院電子工程学部卒。

賈慶林

前掲。

■中共中央書記処書記

李源潮

前掲。

劉云山

前掲。

習近平

前掲。

王寧滬

1955年10月生まれ。山東省萊州出身。復旦大学国際政治学部国際政治学科卒。法学碩士、法学教授。

令計劃

1956年10月生まれ。山西省平陸出身。湖南大学工商管理学科卒。工商管理碩士。

何　勇

1940年10月生まれ。河北省遷西出身。天津大学精密儀器工程学部精密儀器学科及び機械学科卒。

■中共中央軍事委員会

主　席

胡錦濤

前掲。

副主席

郭伯雄

前掲。

徐才厚

前掲。

委　員

梁光烈	李継耐	常万全	呉勝利
陳炳徳	廖錫龍	靖志遠	許其亮

■中共中央規律検査委員会

書　記

賀国強

前掲。

副書記

何　勇	馬　馼	干以勝	黄樹賢
張恵新	孫忠同	張　毅	李玉賦

国務院その他中央のキーパーソン

ここで、二〇〇八年三月の全人代で重要ポストに就任したキーパーソンを順に確認していこう。日本の方には馴染みの薄い人が多いが、ビジネスマンであろうと政治家であろうと、日本人がこれからその動きを気にかけなければならなくなる人ばかりだ。

まずは中央の国務院。総理には温家宝が留任、農業民生担当の副総理には回良玉《かいりょうぎょく》が留任した。新任の筆頭副総理には李克強が就任したが、それ以外の新任副総理を見ていこう。

張徳江《ちょうとくこう》（胡錦濤派）——典型的な出世コースを歩んできた「治世の能臣」

広東省書記から転身し、〝鉄の女〟呉儀《ごぎ》から通商担当の副総理を引き継いだのが張徳江だ。彼が貿易方面を見ていくことになる。

張徳江は四六年生まれで現在六一歳。父親は人民解放軍の将軍だ。遼寧省台安出身だが、六八年に吉林省に労働下放された。大学に入って三年間朝鮮語を勉強、七五年、鳴鳳《ミョンボン》大学の共産党幹部になり、七八年からは北朝鮮の金日成総合大学で経済学を三年間勉強している。八〇年に帰国して延辺《えんぺん》大学の副学長となった。その後、吉林省書記、浙江省書記を経験。浙江省は習近平の時代、全国で最も豊かな地域になったが、その下準備をしたと言える。

さらに〇二年に広東省書記となった。

北朝鮮で経済学を学んだ人が広東省書記となり、共産党政治局員になったのだ。中国の北、真ん中、南をすべてやっている。典型的な出世コースに乗っていると言えよう。経験的には李克強をはるかに上回っている。これから彼は、〝北朝鮮仕込み〟の経済学で中国を管理することになる。心配する向きもあるかもしれないが、ともかく浙江省はうまくいった。

王岐山《おうきざん》（太子党）――朱鎔基が認めた金融のプロフェッショナル

もう一人、北京市長だった王岐山が金融担当の副総理となった。四八年山西省天鎮生まれで現在五九歳である。

七三年から三年間、西北大学で歴史を勉強し、中国社会科学院の現代歴史研究所で研究員をやった。八二年から中央書記処農村製作研究室と国家農村発展研究センターの所長として農村政策に従事。その後、中国農村信託投資公司、中国人民銀行副行長、中国建設銀行行長など、金融畑を渡り歩いた。これらの金融機関は、プロでなければ入れないところである。九三年に人民銀行副行長に就任したが、これは当時行長であった朱鎔基（後に首相）にスカウトされたものだ。その後、広東省で政府系ノンバンクＧＩＴＩＣ（広東国際信託投資公司）が破綻し、日本企業も大損害を被ったが、それを処理したのも彼である。

〇二年、前述した孟学農がSARS問題で解任された後を受けて北京市市長代理になった。SARS処理の功績が認めれて正式に市長となったが、そのおかげで「SARS市長」と言われている。彼は、かつての保守派幹部である姚依林《よういりん》の娘婿である。半分だけ太子党というわけだ。これから胡錦濤らの要請を受け金融システムを整備していくだろう。

劉延東《りゅうえんとう》（胡錦濤派・太子党）——才色兼備のバリバリのキャリアウーマン

もう一人、副総理就任が予想されたのが劉延東だが、副総理級の国務委員となった。実力的には、王岐山に劣らないだろう。前述した胡錦濤の病床を見舞った「共青団四人組」の紅一点だが、血筋的には太子党でもある。この人は「鉄の女」と呼ばれた呉儀の代わりになれると見られている。剛と柔を兼備していて柔軟性がある。

彼女は四五年、江蘇省南通の出身だ。父は農業部部長だった劉瑞龍《りゅうずいりゅう》で、革命時のリーダーの一人であった。一九歳で清華大学工程化学部に入る。胡錦濤の三学年後輩だ。同時に共産党に入党したが、七〇年にやはり下放され、華北地方の化学工場で働いた。同七〇年からは、吉林大学行政学院政治学理論学科で学んでいる。八二年から共産主義青年団中央書記処の書記となり、胡錦濤と三年間一緒に仕事をした。バリバリのキャリア・ウーマン・タイプだ。日中のイベントがあった時に私も食事をしたことがある。

この人の有能さは、統一戦線部に（副部長時代も含めて）なんと一一年間も勤めていることからもうかがい知れよう。「上海大地震」の時には、この人を北京から江沢民派の牙城・上海に派遣させて上海派を崩す案もあった。そのくらい実力を認められている人物だ。

中国では出世について「無知少女」という言葉がある。「無党派、知識人、少数民族、女性」というジャンルに当てはまる人は出世のチャンスがあるということだ。しかも彼女は「大美人」と言われているし、実際に観音様のような顔をしている。

地方の有力キーパーソンたち

次に地方人事を見てみよう。中国で中央トップの仲間入りをするためには、ほとんどの場合、地方政府の行政経験がなければならない。それゆえに、省や直轄市などの地方政府や党委員会に将来の指導者が潜んでいるというわけだ。

李源潮《りげんちょう》（胡錦濤派）――頭角を顕し始めたニュー・リーダー

現在、地方で活躍しているメンバーの中では、なんといっても李源潮が重要だろう。「共青団四人組」の一人である。習近平、李克強、李源潮、この三人で将来何らかの指導体制を組むことになると見られている。

風水で見ても、彼の名前には「水」が二つ入っている。未来のことは不透明で誰も確定することはできないが、習近平や李克強と並ぶ存在として、「二つ水」の李源潮が台頭する可能性は否定できない。ここ数年はだいぶ官僚としての貫禄が出てきたが、もともとは補佐タイプで、「書生」つまり文化人タイプの人だ。彼が変化した背景だが、将来のことについて胡錦濤に何か示唆されたのかもしれないと私は考えている。

父は文革前の上海市副市長の李干成《りかんせい》で、半分は太子党ということになる。五〇年、江蘇省生まれで六八年に同地に下放された。七八年に復旦大学の数学科に入り、同じ年に入党。八三年、上海市の共青団副書記になった。また同年、共青団の中央書記処の書記となり、宣伝担当となる。体は太子党だが、流れている血＝思想信条は共青団派と言えるだろう。綿密な性格の人である。

九三年に国務院新聞弁公室副主任となる。ここは中国の広報を担う大切な部署で、その当時、私の「チャイニーズ・ドラゴン新聞」創刊をサポートしてくれたのも実は彼だ。その後、文化部副部長になったが、なにしろ当時は江沢民時代。江沢民とつながりも接点も持たない彼は、出世の見込みがまったく立たずに、私が挨拶に行ってもほとんど諦めている状態だった。

江蘇省時代の李源潮

しかし、徐々に彼の運命は回り始めていた。二〇〇〇年に江蘇省の副書記と南京市書記、二年後には江蘇省書記に就任。江蘇省南京市でネズミ駆除剤による集団殺人事件があったが、これは彼の時代のことである。彼の意図は「強省富民」から「富民強省」へだ。省を先に強くして民を富ませるのではなく、民を先に富ませることで省を強くするということだ。

江蘇省では、台湾資本を入れて「昆山経済」を発展させた。「上海は住むところ、江蘇省は工場で働くところ」という位置づけを戦略にしたのだ。蘇州市や無錫《むしゃく》市には日本やシンガポールの企業をたくさん受け入れ、これらを優遇した。同じ時期、習近平の浙江省でジャパン・バッシングが起きたのとは対照的だと言えるだろう。中国では省をまたぐと、まるで別の国なのである。

〇三年、江蘇省政府と鉄本鋼鉄有限公司が不正プロジェクトを推進した、いわゆる「鉄本事件」が起きて北京から調査が入った。この時、李源潮は省の責任者として北京に謝罪に出向いて許されている。この時、幹部による賄賂の粛清が行なわれた。また〇七年、無錫市の太湖でアオコの大量発生事件が起きたことは記憶に新しい。これで無錫市の給水がストップし、一五〇万人の市民生活に影響が出た。上海や浙江省の援助を受けて給水を再開できたが、この時、李源潮は「たとえ地域のGDPが一五％ダウンしても、環境汚染の原因となる企業は淘汰しなければならない」と断言している。

しかし現在、江蘇省の域内GDPは広東省に次いで全国第二位となった。生活も治安もよく、「天都」と呼ばれている。彼は、水運を発展させ、江蘇省を「中国一の工場地帯」「世界一のオフィス」にすることを目指している。

なお、「上海大地震」の際、摘発される側の上海派が反発することも想定して大規模な警察部隊が配備されたが、それは江蘇省から李源潮が送った部隊だった。胡錦濤の厚い信頼を示すエピソードと言えよう。

張高麗《ちょうこうれい》（胡錦濤派）――天津発展のカギを握る

もう一人の注目株は天津市書記の張高麗だ。四六年福建省生まれで現在六〇歳。七〇年に厦門《アモイ》大学経済学部を卒業し、石油関係の仕事に従事した。彼はその後、曾慶紅、呉儀、周永康らと石油派閥を形成している。七三年に共産党に入党。九七年に深圳市書記、翌年広東省副書記となる。〇一年からは今度は山東省に移り、副書記、副省長を経て、〇二年には同省の書記、省長となった。〇七年から中央委員会の決定により、天津市書記となった。五年前までは天津は完全に李瑞環《りずいかん》の世界だった。最後の社会主義とも言われたところである。しかし、その李瑞環がリタイヤし、前・中国人民銀行総裁の戴相龍《たいそうりゅう》が天津市長となってから改革が始まった。その後を受けて張高麗が赴任したわけだ。今は海外のビジネスマンが天津に集まってきている。深圳市書記時代も、彼は深圳を香港のようにしたし、山東省もつくり直した。山東省煙台《えんだい》の開発を行ったのは彼だ。「為民、務実、清廉」が彼のモットーであり、現在、天津を含む渤海湾デルタは発展期を迎えている。おそらく、今後もっとも劇的な変化を遂げる地域になるだろう。

次の時代を担う九人

その他の人材をざっと一瞥《いちべつ》しておこう。

副総理となって広東省を去った張徳江に代わり、前・重慶市書記の汪洋《おうよう》が広東省書記として赴任した。彼もまた共青団出身の人物だ。代わって重慶市書記には前・商務部長の薄熙来を据えた。彼こそは名実共に太子党らしい太子党の人間だ。曾慶紅と共に太子党の代表だと言っていいだろう。彼は二〇〇七年の一七回党大会で政治局委員に昇格している。

北京市市長はチベット帰りで安徽省出身の郭金龍《かくきんりゅう》が就いた。彼も胡錦濤の仲間だ。山西省には孟学農が配置された。前述した通り、ＳＡＲＳ時にクビになった北京市長だが、閑職に回されていたとはいえ共青団の人間であり、胡錦濤のブレーンであることは間違いない。再登板のチャンスを与えられたわけだ。日本企業が多く進出している山東省にはこれまた胡錦濤のブレーンである姜大明《きょうだいめい》が配置されている。

二〇〇八年三月の全人代で以上の体制が固められた。地方は胡錦濤色が明らかに強い人事となった。注目すべき現象としては、次官クラスでも六〇年代生まれの人が登場してきたことが挙げられる。この世代もやはり胡錦濤派が多い。

五年後は、習近平・国家主席兼党総書記、李克強・国務院総理、李源潮・全人代常務委員長の時代が来る。後ろの二者は入れ替わるかもしれない。先ほども言った通り、李源潮は予想できない部分がある。「水」が二つ入っているからだ。実績的にも江蘇省を発展させるなど李克強の上を行く部分がある。劉延東もいるが四〇年代生まれであり、年齢的に第四世代であることがネックだ。次は五〇年代生まれが上がってくる時代なのだ。

結論的に言うと、今の段階で有力なのは左の人たちだ。この中から五年後に誰がどう残るか。ここに挙げたメンバーは実務的にはいい人材ばかりだが、この人たちで民主化を前進させられるかは未知数といったところだろう。上海派の時代は一応終わっている。

習近平　李克強　李源潮
汪洋　薄熙来　兪正声
劉延東　王岐山　張徳江

胡錦濤は「和諧社会」と「行政党」の時代を目指す

以上、これからの中国を担うべき期待の新星たちを紹介してきた。これらの人々はいかなる方向に国の舵を切ってゆくのか。大きくは、胡錦濤の目指す和諧社会建設の方向に沿ったものになるに違いない。社会は大きく変動しつつあり、もう元には戻れないのだ。

胡錦濤政治の中心的テーマは和諧社会建設である。そのための重要課題の一つは「政府機能の有限化」、即ち「小政府化」である。社会主義政府が「小さな政府」を標榜するとは日本の人たちも驚くだろう。これは共産党の「行政党への移行」ということなのだ。

中国共産党は革命を通じて建国した「革命党」の時代（基礎をつくる時代）が長かった。それが「政権党」の時代（全統制型の大きな政府の時代）になった。今度は政権党から「行政党」の時代（治世に専念する小さな政府の時代）に移行しようとしている。革命党とは毛沢東の時代のことだ。これに対して、江沢民時代は政権党時代だ。鄧小平はその中間期にあって時代の橋渡しをした。そして今の胡錦濤は行政党を目指しているのだ。

「行政党」とは要するに、従来のような全統制型の政府ではなくなることを指す表現だ。党と政府はだんだん小さくなって、最低限の行政機能だけを残す。これが、和諧社会建設を目指す胡錦濤の中心的な考え方だ。「小政府」を旨とし、公務員を可能な限り減らし、賄路の撲滅を図り、行政の無駄を廃してゆくのだ。

社会主義そのものはしばらく堅持される

では、社会主義そのものはどうなるのか、日本の人はそこが気になるだろう。

「小政府、中市場、大国民」という表現がある。「小政府」は右に述べたような意味だが、「大国民」と言うのは、国民が一番で、国民は神様だということだ。中国では最近、「公務員は税金を使っているのだから、国民のために仕事をしなければならない」という言葉が流行している。昔は「大共党（共産党）、中市場、小国民」であり、そんなことは決して言われることはなかった。

もう一つの「中市場」とは市場経済を目指すということだが、ここで「中」と言っているのは中国がまだ社会主義だからだ。半分資本主義だが、もう半分はやはり社会主義なのだ。社会主義そのものは当分堅持されるだろう。胡政権が党内民主化を含む多くの改革を推進しているのは確かだが、西欧型の完全な民主主義への移行は、頭の中にあるとはいえ、時期尚早だと考えている。急激な民主化を図り、国そのものが崩壊したソ連の先例もある。国が崩壊するほどの賭けなど、政権を担当する者が考え得る選択肢ではない。

○八年一月に中国を襲った大雪は、中西部や南部を中心として各地に未曾有《みぞう》の大被害を与えた。数十年ぶりの積雪を記録し、数千万人が被災したと言われている。一九の省と市が被害を受けており、まるで戦争状態のようだった。

しかしこの天災にあっても、共産党の強権によってそれなりに効率的に防災体制を敷くことができた。この事態を見て、胡錦濤は「共産党が主導しなければもっと多くの国民が死んでいただろう。中国は共産党なくしては崩壊してしまう」との決意を新たにしたのではないか。何十万もの部隊を繰り出し、戦争用に備蓄していた倉庫の食料、テントなどあらゆるものを調達した。雨が降ってはすぐ雪に変わるので「雨雪」と言っていたが、その雨雪と戦って切り抜けたのだ。

重ねて言うが、私のみるところ、胡錦濤の心の内はおそらくこうだ。

「私の代では取りあえず、鄧小平の中国的社会主義を堅持していく。現段階では、自由主義・民主主義で中国の舵取りをすることはできない。しかし私の時代は無理でも、習近平の時代以降ならあるいは可能かもしれない。将来の民主化は習近平に任せる。自由と民主によって中国を救えるかもしれない」

知識エリートの台頭

世界中が高度な知識社会となりつつある今、小さく効率がよい行政党として役割を果たしていくためには、清華や北京などの一流大学で博士号を取っているような知識層が必要だ。それなりの高いレベルでなければ政権運営ができない。農民のままではとても無理だ。

ここは中国人と日本人が違うところだが、もともと中国人は大学を卒業した後、ほとんど勉強しない。日本人のような「生涯学習」の習慣などないのだ。日本人は大学の勉強はそこそこだが、むしろ仕事についてから一生懸命勉強する。中国人は勉強している暇などないと思っている。八時から夕方五時まで仕事、その後、野菜を買って家に帰る。それから料理作りと子作りと奥さんサービスで手一杯なのだから、本を読む時間などないというのだ。

一〇年前までは、幹部も含めて勉強する気のない民族だった。日本人の場合、学歴は大卒に過ぎなくても、その後、仕事で研究に励んでいるので、実は博士号でもいいくらいの実力を持っている人が多い。来日したころは、そのことにたいへん驚かされたものだ。

しかしこの一〇年間で中国も変わった。在職しながら博士号を取る人々が増えてきたのだ。私の高校の同級生で山東省の日照市書記を務めている楊軍氏がいるが、彼は大学を卒業した後、修士課程から南開大学に入り、そこで学んだ。彼は結局、在職しながら北京大学で経済学博士号を取得した。

以上が「小政府」「行政党」についての話だが、これらは和諧社会建設の前提だ。これらを押さえながら、胡錦濤政権が今まさに目指し、次世代リーダーたちも踏襲すると思われる路線を確認しておこう。

これからの中国の基本路線①　技術導入のための日本シフトが強まる

経済は発展中の中国だが、まだまだ日本など先進国との技術ギャップは大きい。例えば、日本の新幹線技術はかねてから導入したいと考えていたが、〇七年、その新幹線技術を導入した高速旅客車両が、浙江省や江蘇省で運航を開始した。また〇七年末、福田首相が訪中した際には、北京オリンピックまでに開通を目指す北京―天津間の高速鉄道車両に新幹線タイプを導入することを決めた。

造船業もまた日本を抜く勢いで集中的に力を入れている。中国の造船業はこれから日本とタイアップして技術を移転してもらおうという戦略だ。鉄鋼についても今はほとんど日本企業の支配下にある。もう一つ中国が狙っているのが、東レの炭素繊維。車も炭素繊維で軽くしないといけないからだ。一〇年前からずっと東レに依頼している。彼らにとって喉から手が出るほどほしい技術である。

自動車に関しては、トヨタやホンダの工場をどんどん中国国内につくるなど、日本車への傾倒が目立っている。もともと中国ではドイツ車のシェアが高いが、ドイツからの技術移転が思ったほど進まなかったことに加え、〇七年のメルケル独首相とダライ・ラマの会見が中国とドイツの関係を悪化させた。〇八年にはやや関係改善が見られたが、中国はまだ完全には信用していない。従って、自動車も日本シフトを起こしているのだ。

中国の考えは一貫している。民族問題や台湾問題に介入せずに、中国の立場を支持した国と経済的に手を組んでいくということだ。中国は今、経済における対欧米戦略としてアジアでの主導権を確立しようとしている。日本も仲間に引き入れる考えだ。「欧米に言われるがままにはなりたくない」というのが基本的なメンタリティーだ。

では、政治的には中国政府は日本をどう見ているのだろうか。例えば日本の民主党は、ウイグル活動家の支援などを行なって中国から睨《にら》まれているが、「彼らが政権を取ることはない」と中国政府は分析しているようだ。一般に日本は中国にとって御《ぎょ》しやすい相手だ。日本もまた中国なしで経済が成り立たないだろう。

このように、経済面で今一番手を組みたいと思っているのは日本なのだ。これについては指導部も積極的であり、胡錦濤も安倍、福田政権で日中関係の雪解けが進むにつれ、早めに来日できるように努めてきた。こんなことは中国としては初めてだろう。もし胡錦濤の来日時に何らかの共同声明を出すとすれば、今度で四回目となる。政治や経済を含め、あらゆる分野で一方的な依存関係ではなく、戦略的パートナーの関係で連携していきたいと考えているのだ。

これからの中国の基本路線② アメリカを離れ、アジアを固める

アメリカの対中貿易赤字は今や膨大な額となり、中国だけが一方的に得をしているように見える。しかし、中国市場に進出して利益を得ているのは他ならぬアメリカ企業でもある。GMなども中国で大きな利益を上げているからだ。

また中国は、アメリカの国債や企業債を大量に買い支えている。そうした意味で、アメリカ経済は「中国ありき」だと言える。

片や中国は今以上の対中ドル投資は必要ではない。もう外貨は飽和状態で、ドルは充分貯まっている。外貨がほしい時代は終わっているのだ。

それにも関わらず、（ポールソン長官など財務省は反対しているが）アメリカの議会などはチャイナ・バッシングを強め、人民元切り上げ圧力をかけたりしている。中国はそんなアメリカの相手をしないし、したくもないのだ。ただでさえ、アメリカ経済はサブプライムなどいろいろな問題がある。このままアメリカと組んでいたら国が沈没すると考えている中国人は多い。

確かに、米中でかつてないほどの要人同士の交流が進んでいることは事実だ。官僚同士の会談などは、今はミーティング感覚で行なわれている。昔は大統領が絡むフォーラムや首脳会談などがない限り、そういったことはなかった。胡錦濤―ブッシュのホットライン

だけではなく、北京とワシントンの間には、外交、軍事、経済、宇宙開発、経済貿易など、トータルな対話ルートができあがっている。補佐官や秘書も頻繁に意見交換している。

これは、中国の要人も英語がしゃべれるようになったことが大きい。地方の局長クラスまでは、アメリカで半年間の研修を経験することになっている。これを一〇年間続けてきた。何万人という人数だ。そういう人たちが上がってきている。駐日中国大使だった中央委員の王毅もそうしたメンバーの一人だ。

しかし、中国は社会主義の国であり、アメリカとは潜在的な敵性国であることは動かしがたい。例えば、台湾が大陸からの「独立信号」を出したら、中国は武力侵攻する。これにもしアメリカが介入したら、アメリカ経済の放棄という手段に出るだろう。具体的には世界一の保有高を誇るドルを売り浴びせたり、これも大量に保有するアメリカ国債を売り払うという手段だ。アメリカ経済の鍵を中国が握っている以上、アメリカは中国政府の意向を簡単に無視できるものではない。

日本シフトの話もしたが、中国はアジアを固めるつもりなのだ。日本に対してもカードを出す。日米の離間を図り、「アメリカを取るか、中国を取るか」と迫ってくるだろう。胡錦濤の来日時にそういう話をする可能性が高い。

クリントン夫妻は基本的に親中派であるとはいえ、次の選挙でヒラリーかオバマになると、二人とも保護主義なので米中経済摩擦などが生じることもあり得る。そうなれば中国は躊躇《ちゅうちょ》なくアメリカを切ってしまうだろう。今や日本に対しては方針転換がなされ、造船、新幹線、自動車など、日本とのパートナーシップ構築に舵を切り始めた。

ただし、胡錦濤はあまり日本にペコペコすると国内から反発が出てくるという悩みがある。現政権がそれをやろうとすれば一度は壊滅的な打撃を与えた上海グループなどから「売国奴」とか「弱腰」と言われてしまうのだ。この政権批判が、愛国意識に燃える国民の支持を得てしまったなら、下手をすると失脚騒動まで起きてしまう。従って政権はあまり軟弱な態度はとれない。これが、毒ギョーザ事件で中国側があいまいな態度になる理由だ。

しかし本心では、胡錦濤は日本を大事にしたいと思っているはずだ。国内向けのポーズとしてあまり弱腰な態度はできないが、胡錦濤は「日本は自分の顔を立ててくれるだろう」と思っている。

これからの中国の基本路線③　日中韓儒教連盟を形成する

〇七年、福田首相が訪中した際、彼は山東省曲阜《きょくふ》の孔子廟《こうしびょう》へお参りに行った。福田と胡錦濤が『論語』について会話する一幕もあった。日中の首脳間でこんなことがあったのは初めてだ。これは、福田首相が胡錦濤の考えをよく研究したことを示している。

胡錦濤は「儒教」の教えを軸にして東アジアを統率しようとしている。現実に、世界各地に「孔子学院（孔子研究センター）」をつくってそれを運営している。

調和した社会をつくってゆくためには、精神的な価値観が必要である。インフラ整備など、これまでハード・パワーが中心であった中国を、精神的価値観を含めたソフト・パワー大国として生まれ変わらせようとしているのである。

またこれには、中国が束ねる「儒教連盟」を形成して、アメリカやEUに対抗してゆくという戦略も背景にある。「儒教連盟」とは、具体的な条約関係ではないが、儒教精神を共有する国々による友好関係のことだ。

福田首相はそれを知り、「中国訪問に際しては他のどこよりもまず孔子廟に行こう」ということに決定した。中国としては、せっかく福田が持ち出してくれたカードを徹底的に利用しようと考えている。

中国は韓国にも儒教連盟への参加を提案している。ここで、李明博《イミョンバク》・韓国大統領を口説く役割も日本に期待しているのだ。彼は日本生まれで日本に親近感が強いからだ。日本とは戦略的パートナーとして付き合い、胡錦濤と少しズレがある韓国に対しては日本を通して溝を埋めていくという作戦だ。

東アジア三カ国で儒教連盟ができれば、北朝鮮もそれに追従せざるを得ないだろう。金正日も孔子には反対しない。「日中韓連盟」については、既に日中の学者や担当者が研究して案を作成しているので、胡錦濤の来日時にでもその内容が出てくるはずだ。そうすれば北朝鮮の核開発問題も見通しがつく。

北朝鮮は李大統領誕生以降、韓国との関係が悪化して中国に急接近している。その中国から言われれば反対はできないだろう。政治問題等でいろいろとゴネてはいても、北朝鮮とてもアジアと分離して生きていくことはできない。ちなみに中国では、金正日について「彼の親孝行なところや、頑固な性格などは儒教に由来している」と分析している。

四月に李明博大統領が来日する予定だが、その時に福田首相はどんな話をするだろうか。おそらく中国の代わりに中韓友好の重要性を説くだろう。中国や日本なくして韓国はやっていくことはできない。今は態度を決めかねているが、李大統領もその日中韓友好のカードを選ぶしかないだろう。

胡錦濤は、中国がその儒教連盟（あるいは東アジア連盟）の長として主導権を握ることを狙っている。シンガポールやマレーシアにも加わってもらう。リー・クアンユーは、中国が日本に対する態度を軟化させることを提案しており、中国もそれについては前向きだ。

スムーズな権力移行がやっと可能になってきた

中国人が非常にほっとしているのは、江政権から胡政権への移行が比較的スムーズにいったことだ。それ以前は権力委譲時にはすべて闘争が行われた。少なくとも表面上は、ようやく血を見ない交代が可能になったのだ。

中国は革命党の時代、政権党の時代を経て、行政党の時代を迎えつつある。第五世代は文化大革命の時代の犠牲者でもある。どういうことかというと、文革時代に下放された経験を持つ人が多いのだ。紅衛兵《こうえいへい》世代と言ってもよい。

第一世代の毛沢東が革命を起こした。第二世代の鄧小平が政権党への移行期に当たるが、この世代はロシアやフランスなどへの留学経験者が多い。そして江沢民ら第三世代による政権党時代だが、これは「先富論」継承が一部の強者と多くの弱者を生んだ時代だ。江沢民は旧ソ連に留学していた。現在の第四世代の胡錦濤による行政党の時代も含めてエンジニアが多い。第五世代はいよいよメイド・イン・チャイナで、純粋に中国培養の世代である。

第五世代は世界一を目指す

中国は今あらゆる分野で世界一を目指している。建国して数十年経ち、軍事力、経済力ともに世界有数の国となった。習近平と李克強の頭の中に「絶対に自分たちの代で中国を世界一にする」という強い思いがある。

もちろん、技術などはまだまだ日本の後塵を拝している。しかし北京や上海などの先進都市はどんどん発展しているし、外交力や文化芸術の面では決して遅れていないというプライドがある。そういう意味では日本と対等以上にやり合っていくつもりだろう。「日本人は会社中心、中国人は家族中心」という例でも分かるように、決定的に価値観が違う民族だ。違うからこそなおさら付き合い方を考えるべきだ。

日本は第五世代とどう付き合うか

習近平と李克強の新しい時代、日本との関係は一体どうなるのだろうか。習近平の方は父が抗日戦争に参加しており、日本に対していい印象は持っていない。はっきり言えば反日だろう。親しい日本人は当然あまりいない。

しかし、胡錦濤の意向を受けて、日本の自民党の谷垣政調会長が訪中したときの会談は順調だった。中国は既に行政党の時代だ。言い換えるなら、政権運営が指導者個人の恣意に影響を受けなくなったということだ。

革命党や政権党の時代は、指導者個人の姿勢がそのまま国の政策に反映したが、そういう時代は終わったのだ。習近平が嫌日だとしても、国の指導者としてはバランスの取れた政権運営をせざるを得ないだろう。

人口一〇倍、国土二五倍の中国に対する日本としては、新しい第五世代との付き合いを現実的に考えなければならない時期に来ている。今まではゴマすりの時代だったが、それはとっくに終わった。日本の政治家は、中国の要人と会うたびに御機嫌取りから入っていたが、中国の指導者にしてみれば、もはやそんな日本人と付き合う気もなければ時間もないというのが本音だろう。習近平にしても李克強にしても、もっと現実的かつシビアに両国間の案件を処理していこうとするだろう。

日本人が一つ注意しておいたほうがよいのは、第五世代指導層のだいたい半分が理科系で半分は文科系ということ。今まではエンジニアが中心だったが、文科系の人材も次第に増えてきた。理科系の人間は政治的に熟練していないことも多く、日本側の話がすんなり通ることもあるが、文科系はそれでは通らない場合がある。

例えば、清華大学出身と北京大学出身とではやはり傾向が違う。北京大学は理論好きだ。政治、経済、歴史など、文化系的な素養を背景に、しっかりした言葉を語る人物でないと受け入れられない。日本の政治家や官僚も文化に強く、ＰＲが上手でないと相手にもされないだろう。日本の言葉でいえば「なめられる」ということだ。

こうした流れの中で歴史問題がまた出てくる可能性もある。もっと敏感なのはチベットやウイグルの問題だ。民主党のように中国の一番嫌がるところを刺激すると反発を招くだろう。そうなれば、第五世代の指導者も歴史問題を再びカードとして使ってくる可能性が高い。

すさまじい腐敗を解決できるか

では、これらのメンバーで解決してゆくべき、今後の課題について考えてみたい。まずは党高級幹部のモラルの低さが筆頭に挙げられる。

二〇〇七年の第一七回党大会の政治局常務委員会で、胡錦濤は幹部の腐敗について、「共産党幹部は口ばかりで実務の実行能力、仕事上の指導力がない」と痛烈な言葉を放った。例えば、ある香港誌の報道によると、毎年、高級幹部のために五〇〇万台の車両が使用に供され、そのために四〇〇〇億元が消耗されているという。これが本当ならば、軍事予算三〇〇〇億元（公式発表）を超えるすさまじさだ。一方、二億人の農民は平均年収三〇〇元であえいでいる。こうした難題は、習近平と李克強の目の前に存在する。もはや胡錦濤や温家宝の時代では解決はつかないだろう。

過熱する経済の抑制と格差問題

次に経済の課題だ。数値上は確かに中国経済は成長しているが、やはり過熱は問題だ。二〇〇八年に少し下げたとはいえ、不動産も株式も異常な高騰ぶりであり、危険な水位にあると言える。金融政策ではもはやコントロールできなくなっている。内需拡大による健康的な発展ができていないのである。

経済における最大の問題は、中国が異常な「格差社会」となっていることだ。統計では都市部と農村部の所得格差は三・五倍と発表されているが、これは表向きの数字で実際は六倍以上と推定されている。また政府系研究機関の調査によれば、最も豊かな階層一〇％の収入と、最も貧しい階層の収入の差は一〇〇倍以上にもなるという。これは中国社会における最大の不安定要素の一つである。

胡錦濤と温家宝は、江沢民と朱鎔基時代の失敗を修正しようとしている。農民の利益や民衆を無視した経済至上主義、医療保険の不公平さの問題などがそれだ。これが現在の格差問題を加速させた。

〇六年三月段階で一億元（約一六億円）以上の資産を持つ人は約三二〇〇人、そのうちの約二九〇〇人は太子党だ。一〇億ドル（約一一五〇億円）以上の資産を持つリッチマンは、〇六年の一四人から〇七年の一〇六人へ一気に七倍増した。上海の一〇大不動産の中、九社が太子党だ。今、中国の富裕層はすでに七五〇〇万人以上となった。

これに対して、農村の方はいまだ貧困の克服に成功しておらず、「農業の低生産性」「農村の荒廃」「農民の貧困」という、いわゆる「三農問題」が深刻となっている。農村部の開発は沿岸都市部の後回しにされ、道路、水道、電気など基本的なインフラが整備されないままである。

それだけではない。全国の農地が工場用地の確保などのために強制的に没収され、農地を失った農民は既に五〇〇〇万人に達すると見られる。彼らが年間五万件とも言われる暴動の主役となっている。これは社会的に危険水域にあると見ていい。

これに関連して、失業率も上昇しており、八・五％とも一〇％とも言われている。農村では約一億五〇〇〇万人の労働人口が余っている。そのうち解決の見込みが立っているのは三〇〇〇万人だけだ。

とにかく急がれるのは国民全体を豊かにさせないといけないということだ。幹部は金を持っているが、持っていない国民は一体どうなるのか。

胡錦濤にしても、李克強にしても、習近平にしても、若い頃に「豊かさ」というものを経験していない。二〇歳より前は手に入らなかったものだ。そういう思いがあるから、全国民を同じようにし、貧富の差を減らして、豊かな国に向かっていこうとする強い意志がある。それが「強富論」という話だ。彼らが雇用政策を強く打ち出すのもこれが理由だ。弱者をどんどんいじめて、強者がどんどん強くなってお金を持つ、そんな風になれば中国の未来はどうなってしまうのか。中国では本当に儲かっている企業はほんの少ししかない。他はみんな貧しさにあえいでいるのだ。

第5章

中国の「持病」
——台湾、チベット、ウイグル問題にこれからも苦しめられる

台湾問題は胡錦濤の心痛の種

中国の台湾政策だが、九五年、九六年頃は江沢民の「文攻武嚇《ぶんこうぶかく》」（武器で脅しながら政治的に攻めていくこと）が中心だった。次の段階は九九年から〇〇年頃にかけてだ。これは陳水扁《ちんすいへん》の総統就任前後だが、「武嚇」を使うと逆効果なので、「文攻」だけにした。〇三年には、中国の側から逆に台湾問題を国際化し、世界に中国の言い分の正当性をPRする作戦に出た。そして〇七年からは、「用米抑台《ようべいよくたい》」という、アメリカを利用して台湾を抑える方針を採用している。アメリカも当面は、アジア情勢を不安定にする台湾の性急な独立運動を望んでいないからだ。

胡錦濤にとっても、睡眠薬を飲まねば眠られないほど、台湾問題は心痛の種であるようだ。彼が神経を使っていることを示すエピソードがある。三月の全人代で胡錦濤は、人民解放軍で将軍クラスへの昇格が有力視されていた二四名を昇格させなかった。軍部では、台湾への武力行使を主張する強硬派が多くなっており、軍部の台頭を恐れたのだ。

習近平が軍事副主席にならなかったのも、台湾問題と無関係ではない。彼と軍部とのつながりが強いことは何度も述べたが、もう一つ、習近平は福建省上がりだということも見逃せない。

福建省は台湾に近く、習近平が台湾に対する野心を持っていたとしても不思議ではない。

万一、そんな習近平が武力行使を志向すれば大変なことになる。もともと国防部長の秘書をしていた人だけに安心できない面があるのだ。

国民の間でも「武力を行使して台湾を解放すべし」という意見が多い。軍の圧力、外交筋からの圧力、国民からの圧力などをすべて調整しなければならないだけに胡錦濤の悩みは深い。

胡錦濤は現在、共青団の胡春華《こしゅんか》を福建省書記として派遣している。「秘蔵っ子」と呼ばれるほど信任の厚い部下を配置しているのだが、そんな胡錦濤の今の台湾戦略は「文勧人占《ぶんかんじんせん》」だ。政治を優先させて（武を抑え）人を派遣して固めていくという意味だ。

ただし、胡錦濤であろうが誰だろうが「台湾の独立阻止」という点では一致しており、妥協の余地はない。時来たれば軍事力の行使も辞さないだろう。今回の総統選挙でも、万一、馬英九《ばえいきゅう》が負けて民進党の謝長廷《しゃちょうてい》が勝っていたなら軍事介入もあり得たが、とりあえずそれは避けられた。

台湾新総統・馬英九は何を目指すか

○八年三月、台湾総統選挙が行われ、与党・民進党候補の謝長廷を破って、野党・国民党の馬英九候補が当選した。八年ぶりの政権交代が成ったわけだ。

彼に関して「馬上会好《ばじょうかいこう》、馬到成功《ばとうせいこう》」という言葉がある。今度の選挙のスローガンとしても使われた。「馬が当選するとすぐにでも台湾がよくなる」「馬が来ると成功する」「台湾と大陸の関係もすぐよくなる」という意味だ。

今回の選挙結果を受けて、アメリカのブッシュ大統領から祝電が台湾に届いた。

「今度の選挙は、国民党にとっても民進党にとっても大きな分岐点となった。両党は互いに接触し合い、平和裏に選挙を乗り越えることができた」と、当選した馬英九にメッセージを送ってきたのだ。馬英九は、国民党本部で大陸との関係について、「不統、不独、不武」の方針で行くと宣言した。「統一もされず、独立もせず、戦争もしない」ということだ。中国大陸と台湾の発展は、両者が共に望んでいることだ。

民進党は経済失政の責任を問われた

民進党は大敗を喫し、政権党から引きずり降ろされた格好だが、今度の選挙結果は、陳水扁が台湾に何を残したかを示している。

民進党政権成立後、経済がマイナス成長に陥り、失業率も五％強を記録するなど落ち込みを見せた。また金融危機も取り沙汰されるなど、経済に関しては失点が続いた。現在はやや回復基調にあるとはいえ、産業構造の転換が遅れ、一人当たりＧＤＰで二〇〇六年に韓国に逆転を許してしまっている。

八年間の陳水扁政治は「位置占光《いちせんこう》、把銭花光《はせんかこう》、把債借光《はさいしゃくこう》」の三光《さんこう》を残したと言われている。「国民党にポストを与えず、自党で独占した。借りられるお金は全部借りてしまった、可能な債務は全部やってしまった」ということだ。今回の総統選の結果は、中国との関係云々ではなく、「民進党の経済政策を何とかしてくれ」という台湾の人々の気持ちの表れということだろう。

昨年の年末、私が台湾を訪れたとき、あるタクシー運転手に出会った。彼は驚いたことに、かつて文革時代に、アメリカの潜水艦に搭乗して山東省に潜入したことがあるという経歴の持ち主だった。経済的にも中国が最悪の時代を目撃しているわけだが、その運転手が涙ながらに言うには「我々の生活は文革時の中国と変わっていない」というのだ。もちろん誇張はあるだろうが、少なくとも生活実感としては、改革開放前の毛沢東時代と同じだと嘆く運転手の言葉に、私は台湾の苦しみを見た思いがした。経済政策の失敗は民進党の大犯罪と言われている。

台湾の産業が空洞化した

今の台湾人民は「水深火熱」と言って、一番苦しい生活に入っている。特に深刻なのは、頼みの工業がかなり中国本土の広東省に移転して、空洞化が起きていることだ。それ以外の産業でも大陸移転が進み、例えば上海だけで三〇万人の台湾企業関係者が住んでいる。広東省の東莞《とうがん》市の市長を務め、今は広東省の副省長になった知人がいる。私は東莞市の日本企業進出を手伝ったことがあり、彼とは懇意である。その彼が「広東省は台湾企業だらけだ。今は日本企業よりも多い。自分で台湾の工場を閉鎖して大陸にやってきている。台湾では稼動している工場は激減している」と語っている。

経済が成り立たずに、台湾はどうやって生き残っていくことができるのだろうか。繁華街などは外国の観光客ばかりだ。台湾企業はむしろ中国進出で発展を遂げている。言葉も通じるし、親戚もいるからだ。

陳水扁がアメリカ亡命?

陳水扁はアメリカ亡命を計画していると言われている。ヘリコプター利用ができるように空港の許可を取っているのはその表れだ。五月二〇日以降、馬英九が新総統になれば裁判が起こる可能性が高い。

ことの真偽はともかく、陳水扁一族はインサイダー取引や機密費流用などに関する疑惑が取り沙汰されており、陳の娘婿は逮捕、陳夫人も在宅起訴されている。ここで逃げないと家族全員牢屋行きになる可能性もあるし、最悪の場合、殺されるかもしれない。今回の選挙が終わった後も、陳水扁はかなり怯《おび》えているようだ。

陳水扁本人も「アメリカから歓迎の意向を伝えられている」と語っているという。アメリカは、台湾問題に介入、情勢を安定させるために、彼を人質として取りたがっている。陳水扁はおそらくアメリカに行くだろう。いくら台湾で裁判をやっても、米台間では身柄引き渡し条約がないから安心なのだ。ただし、陳水扁が騒がないことが条件だろう。彼が騒いで面倒になればアメリカは追い出すはずだ。

中国は台湾へ「金力行使」する

新たに総統に就任する馬英九を救う唯一の道は中国の「カネ」だ。突破口は中国マネーしかない。中国大陸からの援助であり、そのための北京との握手だ。既に投資・貿易ともに対中依存が深まっているが、中国から「大中華経済圏」という提案がなされている。

現在は、中国産の二〇〇〇種類に及ぶ製品が陳水扁によって禁輸扱いされている。これが五月から一気に解禁されることになる。農産物から機械まですべてが対象だ。

馬が考えているのは、平和を大前提として大陸との関係を改善するということだ。大陸の観光客を入れ、中国企業も入れる。それらの観光客や企業が台湾にお金を落とし、投資する。逆に台湾企業を中国にもっと誘致する。

中国の台湾に対する投資は、今は規制があって自由にはできない状態だ。馬になると、台湾の不動産取引も自由化されていくだろう。中国はわざわざ武力行使をせずとも、「金力行使」によって「新台湾」にしていけるというわけだ。

台湾は借金に苦しんでいるから、大陸からお金が入ってくるのを歓迎せざるを得ない。人民元がどんどん使えるようになる。中国が経済的に発展する以前はむしろ人民元を持っていても台湾人は喜ばなかったが、今は逆転している。馬は「明るい政治」「繁栄の経済」「和諧の社会」を目指すと宣言している。胡錦濤と同じだ。

台湾問題は中国にとっての「糖尿病」

しかしもちろん、馬に不安がないわけではない。一つには陳水扁の動向がある。彼が馬の失墜のために何かアクションを起こさないとも限らない。台湾はまだまだ物騒であり、まさかとは思うが「牢屋から暗殺者を放つ」などという噂もある。

さらに馬はスタンドプレーに走る傾向があると言われている。中国共産党から分析すると、彼は個人の意思を先行させ過ぎるように映る。要するに「お坊ちゃん」であり「あれをやりたい、これをやりたい」となってしまう。自分のやりたいことが先に来て、分析、提案、決定、判断、実行、こうした手続きに欠けているところがある。

もう一つ、八年間も政権から離れていたため、国民党の政治ノウハウが麻痺している可能性もある。口先だけで両岸問題の解決ができるものではない。例えば馬英九は今回のチベット騒乱を受けて、北京オリンピック・ボイコットの可能性に触れている。確かに格好はいいが実行できるかは大いに疑問だし、それを軽々しく口にするところが危ないのだ。

陳水扁も馬英九も台北市長の経験者だ。市政における両者の実績については、陳水扁に軍配が上がるというのが一般的な評価だ。馬英九に台湾全体を仕切る実力があるか。中国人、台湾人は疑問視している。

さらにはリーダーとしての功徳の問題も挙げられる。政治は「ゴミあり毒あり」で、いろいろな派閥もある。清濁すべてを併せ呑む「サンドウィッチ」を作れるだろうか。総統ならそれなりの戦略が必要だ。

総統に必要な性格を付言するなら、「残酷さ」がなければリーダーにはなれないだろう。陳水扁にはそれがあった。「リーダーになりたいなら牢屋に入れ」と中国人はよく言う。陳水扁はかつて刑に服した経験がある。だから残酷さというものも理解している。ある意味で馬は「お坊ちゃん」だ。この二人は小泉純一郎と安倍晋三を連想させる。小泉は部下でも切る残酷さがある。安倍や馬はそういう修羅場を経験していないのだ。

中国人の印象では、台湾は資本主義だから、国民は計算高いが同時に甘えん坊だと思われている。「台湾は甘い生活を続けすぎて糖尿病になっている」というのだ。しかしこの表現を借りるなら、台湾問題自体が中国にとっての糖尿病だ。このままでは、永遠に治ることはないだろう。

航空機爆破テロ未遂事件とチベット騒乱

〇八年三月七日、日本ではあまり注目されなかったが衝撃的な事件が起きた。新疆ウイグル自治区ウルムチ発北京行きの飛行機内で、ウイグル族の一八歳の少女が、ガソリンをペットボトルに入れて機内に持ち込み爆破テロ未遂事件を起こしたのだ。女性乗務員が匂いに気付き、トイレで取り押さえられた。彼女は水だと言い張り、少し飲んで見せたという。半年後のオリンピック開催をにらんだ計画であり、新疆ウイグル自治区の独立を訴える狙いがあったと思われる。

実はこれは、一〇日に始まったチベット騒乱と連動している。ウイグルの飛行機テロ計画が失敗したらチベットで騒乱を起こすという段取りで事を進めていた節が見られるのだ。チベットの騒乱は、オリンピックのみならず同時期に開かれていた全人代を意識したものだ。チベットもウイグルも「民族自治」「伝統文化の保護」の二つを訴え、共産党に抗議している。「全人代で少数民族政策を改善してくれ、今のままでは我々は生きてゆけない」

ということだ。それ以外の理由はない。

物々交換の世界に生きる少数民族

経済開放以来、少数民族を取り巻く経済情勢は逆に悪化している。漢族は経済に長けており、自治区に乗り込んで成功する者も多いが、それに押される少数民族の方は財布に入れる金もなく、明日どうなるかも分からない物々交換の世界に生きている。生活の不満も当然今回の事件の背景にある。その証拠に今回の騒乱では中国銀行が襲撃されるなど、略奪事件や強盗事件が多く見られた。

中国はチベットにもかなりのお金を投資してきたが、青蔵鉄道を造ってから貧富の差が拡大する結果となった。漢民族による観光開発や金持ちの流入でむしろ社会的不満が高まってしまったのだ。

原因はいろいろあるものの今回の騒乱が、①鉄道の開通、②オリンピック開催、③全人代での胡錦濤新体制の誕生――がそろうこのタイミングで起きたのは決して偶然ではない。

中国は絶対にチベット独立を認めない

胡錦濤政権を新王朝と表現するなら、チベットは王朝の「地元」にあたる。それというのも、今回の騒乱は八九年以来のものとなったが、前回の暴動を収拾したのが他ならぬ胡錦濤だったからだ。この功績によって彼は鄧小平の目に留まり常務委員となった。

今年の三月五日、全人代チベット自治区代表団分科会に胡錦濤が自ら出席し、「チベットの安全は国家全体の安全に関わる」と発言したばかりだった。この時、チベットの安全と安定を維持するという名目で政治機構が拡大された。

先にも述べたが、ドイツのメルケル首相が二〇〇七年九月にダライ・ラマと会談し、中国の猛反発を受けるということがあった。この一事で中国とドイツの間で予定されていた会議は全部キャンセルになって、貿易も経済対話もすべて暗礁に乗り上げた。二〇〇八年一月、ドイツは「チベット独立を求めるいかなる動きも支持しない」と発表し、一応は収まった形だが、中国はまだドイツを信用してはいない。中国はチベット問題に関しては、病的なまでに神経質なのだ。

胡錦濤は和諧社会のスローガンとして、格差の解消、機会の平等、幹部の腐敗一掃などを謳っているが、最も肝心なのは民族問題だ。「和諧」即ち「調和」とは、実は「分裂、独立は絶対に認めない」という主張でもあるのだ。

少数民族の分離独立、共産党の権威失墜、中華人民共和国の崩壊、これらは一直線に繋がっている。従って、中国人で少数民族の独立を容認するような人はほとんどいない。それがたとえ、民主化を標榜する陣営であろうともである。

火種は主にチベットとウイグルの二つ。ハリウッドの人気俳優で「チベット独立」を叫ぶリチャード・ギアなどは中国からしたら非常に目障りな存在になっている。

ウイグルもまた大きな問題で、つい先日も銃撃戦があった。かなりの死者が出たようだ。実は、ウイグル自治区の党書記を務めているのは、私の友人で山東省出身の王楽泉《おうらくせん》だ。彼に関しては、全人代の人事で常務委員となって北京入りするという話もあったが、この銃撃戦が発生したため自ら固辞し、現地に残って勤務する決心をした。

日本の民主党によるチベット独立支援

ウイグルとチベットの二つの問題は、日本とも大いに関係がある。〇七年一一月、来日中のチベット法王ダライ・ラマ一四世と民主党の鳩山由紀夫幹事長が会談し、ダライ・ラマの主張する「高度な自治」を支持する考えを示した。また一二月には、結局は中国の圧力で中止させられたが、ウイグル人活動家ラビア・カーディル女史を招いた勉強会を計画するなど、民主党は中国を刺激する動きが目立つ。

中国共産党は、民主党に対して怒り心頭に達しており、絶対にこの動きを容認しないだろう。これは前述したが、ダライ・ラマは二〇〇七年の来日中に声明を発表し、「後継者を自分の死後ではなく、生前に指名する可能性」を示唆した。中国の人選介入を防ぐためのものであることは明白だ。周知のようにチベットは政教一致体制であり、ダライ・ラマが頂点に立つ。その後継者を中国に指名されるということは、中国に乗っ取られるということ以外のなにものでもない。これをダライ・ラマは避けたいと思っているわけだ。

これを見て、中国共産党は「反統一運動や民族独立運動をどうしてわざわざ日本で行なうのか。反中共の拠点がこれから日本になるのではないか」と心配している。

結局、中国共産党は民主党に対して小沢訪中拒否のカードを切り出して、ウイグル勉強会を中止に追い込んだ。

胡錦濤が来日した際は、衆参両院の議長、福田首相、小沢代表などと会談するだろうが、この件についても何らかの言及をするだろう。「チベット独立、東トルキスタン（新疆ウイグル）独立を支持するな」という構えは絶対に崩さない。中国の少数民族問題や台湾問題などに、日本の政治家が介入したら両国の関係は穏やかではなくなると恫喝するに違いない。

ウイグルの独立運動の象徴、ラビア・カーディルという女性

ウイグル族の独立運動の象徴であるラビア・カーディルに、私は九四年に取材したこと

があり、彼女をよく知っている。当時シルクロードの取材があり、新疆ウイグルで誰を取材すべきかという話になった時に彼女の名が挙がったのだ。九四年当時は彼女は中国一〇大富豪の一人だった。非常に頭のいい人で、道端で物を売るところから始めて、先物取引、卸売業、不動産取引などに手を広げ、巨額の利益を挙げた。

共産党に入党し、政治協商会議の委員にまでなったが、協商会議で堂々とウイグル政策批判の演説をするなど、次第に危険視されていった。夫はアメリカに亡命していたが、その夫に機密情報を漏洩《ろうえい》したとして、九九年に逮捕されたのだ。

この事件をきっかけに、ウイグル人による釈放運動が高まり、ウイグル問題は国際社会の注目を集めるに至った。国際社会の非難を恐れた中国は〇五年に彼女を釈放したが、彼女はその後もウイグル人の人権抑圧問題を追及する活動を続けている。

彼女はウイグル独立運動の資金源であったが、当時の一〇大富豪のうち四人くらいは牢屋に入っている。彼女は二〇〇七年秋に来日し、北京オリンピック・ボイコットの呼びかけをしたが、ラビア問題をどう解決するかで中国は頭を抱えている。

ダライ・ラマ周辺の強硬派が事態を難しくしている

ダライ・ラマ一四世は、四九年前の五九年三月一〇日に発生した動乱の際にインドに亡命した。今回の騒乱はその記念日を狙ったものだろう。今回、北京は事前に騒乱への動きを察知できていなかったようだ。したがって、騒乱発生後、何時間経っても有効な対策が打てずに事態は拡大していった。

少数民族なので警察も油断していたし、全人代開催中のお祭り気分でうっかりしてもいた。ラサがもう燃え始めている段階で、やっと警察を投入した。チベット人は外国の外交官には一人も手をださなかったし、日本人観光客も漢民族と思われないように必死だったという。

そういう理由で、騒乱の映像を撮っていたのは外国人の観光客だったのだ。ちなみに今回の騒乱に関しても、外国の記者を呼んですべてオープンに、自由に取材させ発表させればよいのだが、残念ながら中国ではなかなかそうならない。騒乱が収まった後で発表したのでは国際的な納得が得られないのは当然だ。

温家宝の主張によれば、今回の騒乱はオリンピック開催阻止を狙うダライ・ラマのグループによるものだという。ダライ・ラマ自身は、「独立」ではなく「高度な自治」を求める対話路線を採っているが、彼の周りにはタカ派とハト派がいて、タカ派はダライ・ラマ自身の路線を妨害している面がある。

これも頭の痛い問題だ。ダライ・ラマ自身は非常に慎重に事を進める人だが、しかし周りの強硬な若者たちが事態を難しくしている。しかし、彼を通さないでチベット問題は解決できるものではないだろう。

取り沙汰されるイスラム過激派の「暗躍」

私の友人で、チベット出身の政治学者であるペマ・ギャルポ氏がいる。ダライ・ラマやペマを見ていると非常に温厚だ。チベット人は騎馬民族ではあるが、我慢強くて攻撃性は強くない。しかし今度の事件を見ていると、誰かが仕掛けていると思える。すべて僧侶たちが主導していたとはとても思えないのだ。

今回の騒乱は国内のチベット人による自然発生的なものではない。国内のチベット人や仏教徒だけでは無理である。実は、チベットやウイグルにはアルカイダ系のテロリストが入り込み、反中活動を支援しているという実態がある。「9・11」以降、イスラムグループを介して、パキスタン、チベット、ウイグルなどが連携するようになったと見られている。

同時多発テロ後、中国がアメリカにイスラム原理主義のテロリストの情報提供を行なうなどテロ撲滅に協力的だったためだ。もちろんこのときの中国のアメリカへの情報提供も、「反テロ」を口実に、国内の分離独立運動を封じ込める戦略だった。

今回、ウルムチ、ラサと連鎖するのはそういう背景がある。全人代は世界にPRする最大のチャンスだったし、これは独立派からすれば、大成功だったろう。もし飛行機ハイジャックが成功していればチベットでの騒乱はあるいはなかったかもしれない。

少数民族問題は中国にとって「胃ガン」

今回は、ラサにある中国銀行、商店、政府機関などが襲われたが、少数民族問題もこのままでは永遠に解決できない。台湾が「糖尿病」ならこちらは「胃ガン」だろうか。こうした一連の動きもまた、中国の国内事情が事態の解決を難しくしている面もある。

胡錦濤が柔軟な姿勢を見せれば、国際的な対中イメージはよくなるし、北京オリンピックへの風圧は弱くなる。そんなことは胡錦濤は百も承知だ。だが、それができない。もしそんなことをすれば、今度は国内から矢が飛んでくる。上海派などの保守派グループから「弱腰」と批判されて政治基盤が弱くなるため、どうしても強硬な態度にならざるを得ないのだ。それでも、全人代開幕中に鎮圧すると国際社会の反発を招くという懸念から、胡錦濤は何時間も我慢したが。これが江沢民だったらすぐに機関銃で鎮圧しただろう。

胡錦濤になってからは、警察などは自分の方から手を出して犠牲者が出ると責任を問われて処罰されるようになってきている。天安門の昔とは違うのだ。胡錦濤のチベット鎮圧と天安門事件は同じ年の出来事だったが、彼の鎮圧方法ではそれほど犠牲者が出なかった。

いずれにせよ、現代中国の指導者は常に政敵の視線にさらされており、対外的に弱腰なポーズをとることはできないのである。

北朝鮮が中国へ急接近

ここで、東アジアの最大の不安定要因である北朝鮮の動きを見てみよう。北朝鮮は〇八年三月八日、突然「台湾独立反対」「台湾の国連加入反対」などの談話を発表、「台湾当局は中台関係、東アジア情勢を悪化させている」と台湾を批判した。中国外交部（外務省）もこれは寝耳に水であった。

実はその前から妙な動きは起きていた。金正日総書記が三月一日、朝鮮労働党、政府、軍の上層部を引き連れて中国大使館を突然、訪ねたのだ。中国大使館側はなんら予定も準備もしていなかったというが、こんなことは初めてだ。普通は事前に連絡があるし、訪問自体が極秘扱いになることが多い。それがまるで大名行列のように大使館を訪ねたと言うのだから驚かされる。

金正日は「今年は中朝にとって非常に意義のある年だ。中国の国力の強大化、オリンピック開催は北朝鮮にとっても誇りである。聖火が北朝鮮をも通る。我々の聖火でもある」と語ったという。

さらに三月五日、周恩来生誕一一〇周年記念日のその日、中国ではたいしたイベントもないというのに北朝鮮は盛大な記念大会を開催、朝鮮中央テレビでは周恩来ドラマまで放送したのである。

三月五日は全人代開幕の日だったが、北朝鮮テレビはそれよりも周恩来一色だった。〇六年一〇月の北朝鮮の核実験以来、中朝関係は冷え切っていたはずだ。いったいこの北朝鮮の急変は何を意味するのだろうか。

実はこれには韓国の動きが絡んでいる。対北強硬派の李明博《イミョンバク》が二月に韓国の新大統領に就任、韓国の対北政策が一変したのだ。李大統領の就任以降、韓国の対北姿勢はがぜん強硬になり、南北経済協力事業である開城《ケソン》工業団地開発が事実上ストップ、北朝鮮による短距離ミサイルの威嚇発射、激しい非難合戦が続くなど、南北関係は悪化の一途をたどっている。ここに至って、北朝鮮は命綱を韓国から中国にシフトし、中国への露骨な接近を図り出したのである。

周恩来を持ち上げているのは、平和の宰相として彼と胡錦濤とを重ねて見ているからだ。全人代を全面的にお祝いするのではなく、周恩来をメインにするのは、今まで一年間ほど中国と縁が切れており、表立って全人代を礼賛するのははばかられたからだろう。

「周恩来は中朝友好に偉大な貢献をし、偉大な事跡を遺した革命の同志であり、朝鮮人民はこれを永遠に忘れない」

こうした北朝鮮のメッセージは、実は胡錦濤へのラブコールでもあるのだ。

北朝鮮版の改革開放が始まった？

金正日はこうして中国というカードを握りながら、実は国内の改革を進めている。〇八年四月一日、北朝鮮は携帯電話を市民に解禁。映像、通話、高速データの転送、これらを解除することにしたのだ。四億ドルかけてエジプトのオラスコムという会社が通信事業を始めることになっている。

携帯電話から映像などの情報がふんだんに平壌《ピョンヤン》の市民にも入ってくるようになる。中国とも携帯を介したつながりが増えるだろう。だが、それと同時に北から南への宣伝、電話攻勢も始まるだろう。「李明博は日本生まれで、北と南の朝鮮民族のことは分からない」などということも盛んに喧伝《けんでん》されるに違いない。

今後、北朝鮮は携帯、テレビ、インターネットの三段階で開放していく。そして中国や比較的関係のよいヨーロッパの工場を誘致する。北朝鮮版の改革開放経済だ。金正日はそれで北朝鮮の苦境を打開していけると踏んでいる。

確かにこの金正日の皮算用は、単なる絵に描いた餅ともいえない部分がある。中国やヨーロッパのいくつかの企業は北朝鮮への進出を目指し始めており、今年中に韓国から進出している企業数六九社を越える見込みだ。北朝鮮で産出されるレアメタル（希少金属）は国際社会で飛ぶように売れているし、つい最近、ドイツ車の部品工場もできた。フランスとも企業進出について交渉中。中国からも山東省の自動車や鉱山、製鉄の会社が進出しようとしている。何かとうるさい日韓の援助は断り、中国・ヨーロッパを中軸に据えて苦境を克服するという戦略だ。

金正日はオリンピック前に中国を訪れるだろう。そして、さらなる援助や協力を中国から引き出そうとするに違いない。結局、アメリカと有利に交渉を進めるためには中国の後ろ盾が必要となるからだ。

金正日は胡錦濤と同じ年代であり、次世代の習近平や李克強への影響まで見据えて戦略的に接近している。そこで突如として周恩来を持ち上げてきたというわけだ。

北朝鮮では朝鮮戦争の仕掛け人である毛沢東は嫌われているが、周恩来は敬愛されている。アメリカの北朝鮮への態度が軟化し、中・欧も北に接近するとなると、拉致問題を抱える日本は孤立していく。北朝鮮はアジア最後の経済の起爆剤と期待されているが、このままなら日韓は取り残される。アメリカがヒラリー・クリントン政権になると、クリントン前大統領が親北だっただけに北朝鮮にはさらに有利な展開となるだろう。

［第6章］

繁栄か没落か

――岐路に立つ巨大国家

さて、中国政治のニューリーダーにはじまってその権力闘争と民族問題、対外関係までを見てきた。いよいよ最終章では大国化する中国の現状とその落とし穴を検討し、中国の未来にどんな運命が待っているかを考えてみたい。初めに、中国の現状に関して話題に上ることの多いトピックを列挙していこう。

①「世界の工場」中国は供給過剰か？

大問題となった毒ギョーザ事件で、日本では中国産食品忌避《きひ》の動きが続いている。私もテレビ朝日系の『TVタックル』とフジテレビの『報道2001』という番組に出演して中国について話した。その『TVタックル』に出ていた評論家の金美齢さんが「私は絶対中国の食品は買わない」と発言していた。しかしこの状況を違った角度から考えると、いかに中国産の食品が浸透していたかの裏返しであるとも言える。

中国製品があふれているのは日本だけではない。いまやアメリカやヨーロッパでも同様である。アメリカ人も日用品から家電品、おもちゃなど、家庭の中がメイド・イン・チャイナであふれるという時代になっている。かつて、日本の製品が世界を席巻していたが、それと同じ状況になって久しい。

開放政策の進展に伴って、中国の生産能力は急速に伸びている。特に外資の移転により、中国は世界の製造基地へと進化してきた。例えばほんの一例だが、中国の自動車生産台数は七一年に一〇万台だったものが二〇〇六年には七二〇万台に達して、世界第三位となっている。一〇年には一〇〇〇万台を超えることが確実と見られているから、日本も追い抜かれるのはそう遠い未来のことではないだろう（日本は〇六年度で一一〇〇万台）。中国は高速道路の総延長が計四万キロ近くになり、自動車市場はさらに発展する可能性が見えてきた。

繊維製品の生産量は世界全体の約五割、携帯電話の端末も同じく約五割、電子製品は約四割、粗鋼生産は三割強となっている。

しかし、これを逆に中国経済の不安定要因とする見方も出てきている。鉄鋼やセメントなどの主幹産業、タバコや酒類などの嗜好品などを含め、人々の生活に直接に関わる重要産業の多くが生産過剰、供給過剰に陥っていると伝えるメディアが増えてきているのだ。経済が成長している間は表面化しないが、経済が悪化し、倒産企業が一気に増えるような事態になると中国の混乱は計り知れないものとなる可能性もある。

②輸出量の急激な拡大

こうした豊富な生産力を背景に、中国の貿易量、特に輸出量の拡大が続いている。鉄鋼、セメント、化学肥料、石炭、テレビ、麺類、水産物、果物、靴、玩具、文具などだ。家電、コンピューター、機械製品、発電設備など、ハイテク情報産業の分野でも急成長している。いまや輸出品で、世界一のシェアを占めるものも数多くある。

中国の貿易総額を見てみよう。〇六年は一兆七〇〇〇億ドルだったものが、〇七年は二兆六二〇〇億ドルとなっている。輸出額は、〇六年が前年比二七％増の九六九一億ドル、〇七年はそこからさらに二五・七％も増えており、大幅な黒字である。日本との貿易額は一五〇〇億ドルにまで増大し、日本の最大の貿易相手はアメリカでなく、いまや中国になっている。

③世界一を誇る外貨準備高

中国の貿易額の拡大は、外資企業の中国への直接投資の増大によるものが大きく、直接投資の流入額はアメリカを抜いて世界一になった。改革開放を始めてからのこの二十数年間、中国は積極的に外資を導入してきた。また、前項で述べた輸出の拡大も、外貨獲得に一役買っている。その結果、二〇〇〇年に中国が保有するドルは二〇〇〇億ドルに過ぎなかったが、現在は一兆四〇〇〇億ドルとなり、日本を五〇〇〇億ドルも上回っている。外貨準備高は現在世界一を誇っている。

外資の導入によって、中国は経済の国際化と技術力の大幅なレベルアップを果たした。外資企業がどんどん入り、技術移転が進んでいるのだ。今は、外国からの投資については一定の警戒感を持っており、細かく審査してから受け入れるようにしている。

④中国発食糧危機の可能性

中流層・富裕層が増大したことに伴い、消費も拡大している。例えば、ビールは年間消費量も生産量も共にアメリカを抜いて世界一の規模となった。化粧品市場も急拡大中であり、これはアジアでは第二位、世界で第八位の市場規模を誇っている。日本の資生堂の商品が一番人気が高い。

最近の中国人の購買力は目を見張るものがある。彼らが東京の秋葉原に行くと、平気で二〇万円くらいの買い物をしていく光景をみることも多い。彼らはブランドなどの贅沢品を買って帰っている。銀座の三越で高額な時計を買うことも中国人の間でブームになっている。こうした中国人の買い物を当てこんで、日本では中国のクレジットカード「銀聯《ぎんれん》カード」を取り扱う店が、すごい勢いで増えている。

今、中国で資産一〇億ドル（一一五〇億円）を超える人は一〇六人。まさに「赤い資本家」だ。例えば、長者番付ナンバーワンの楊恵妍《ようけいけん》という二五歳の女性は、広東省で碧桂園《へきけいえん》という不動産会社を経営しており、一七五億ドルの資産を持っているという（ただし、最近の下げ相場で資産の時価総額は減少しているという）。

しかし、過ぎたるは及ばざるがごとし。食糧消費が急速に拡大している反面、これが新たな問題を引き起こしている。〇三年に国内の食糧生産が落ち込み、中国は食糧輸入国に転落した。環境問題の悪化や耕地面積の減少による減産に加え、豊かさを手にした中流階層の食料需要が急増したためだ。現在、国内に穀物の在庫はなく、中国は世界最大の小麦輸入国となっていて、中国発食糧危機の可能性も否定できない状況だ。

食糧に限らず、水不足、エネルギー資源不足の深刻化も予想されている。これを解決しながら、前に進んでいかなければ、いずれどこかで「成長の限界」が表れ、一歩間違えば中国社会は崩壊してしまうだろう。石油や食糧など、多くの分野で中国は世界からの輸入に頼っているという現実を忘れてはならないのだ。

先ほども述べたように、それでもなお全体のバランス上は「生産過剰」で消費不振なのだ。中国経済が健全に発展するにはこの需給のバランスを取る必要があるが、消費が大きく伸びれば、今度は環境問題や食糧危機をもたらすというジレンマに陥っている。

⑤株価上昇とバブル崩壊の懸念

ここ数年の中国の株価上昇がすさまじいことは、多くの読者もご存知だろう。〇五年七月の上海・深圳両株式市場の株式時価総額は約三兆元で、〇四年のＧＤＰの一六・二％を占めていた。それが〇七年末の時価総額は驚くべきことに三二兆元を超え、ＧＤＰを上回ってしまったほどの高騰ぶりだ。

多くの専門家は、中国はこれから八％程度の高度成長を維持し、三〇年間にわたって高度成長を続ける可能性が高いと言っている。中国の経済成長の秘密は、なんといっても巨大な市場規模と、コストの安さにあることは言うまでもない。

しかしこの株価の上昇については、バブル崩壊の危険を指摘する声が強くなっている。株価や同じく急激に高騰した不動産のバブルが崩壊することが、今中国で最も懸念されることの一つだ。アメリカのサブプライムローンの問題もあって〇八年に入って株価は下げ気味で、不動産も例外ではない。広東省や福建省などの沿岸地域の不動産は既に下がり始めている。これが全国的な急激なバブル崩壊につながるかどうか予断を許さない状況だ。逆に、西安や重慶などの内陸部、あるいは東北三省などの土地はまだ上がっているために全体の値崩れが、かろうじて防がれている面もある。

また、国有企業などの巨額不良債権の問題もある。これは今ようやく取り掛かりはじめたところであり、海外市場で資金を集めるという方法で処理を進めている。

⑥高速、新幹線など進むインフラ整備

長い間、中国経済のボトルネックとされた通信・交通インフラは根本的に改善されているところだ。

中国大陸における高速道路建設は八九年に始まって、いま既に四万キロ近くになった。現在では高速道路建設は一段落し、高速車両（新幹線）のインフラ整備に入っている。北京から青島まで、あるいは上海から浙江省までと、あちこちで建設が続いている。ドイツ、カナダ、フランスなどよりも日本製の人気が高く、北京から天津までの三〇〇キロは日本の新幹線技術を導入した。

また、中国通信市場も急速に拡大している。携帯電話は既に四億人、固定電話は二億人となり、計六億台になった。インターネット加入者は二億人を超えて、世界最大のネット社会になった。

今、中国では約七九万サイトが開設されており、「百度」「新浪」「捜狐」「網易」などの検索エンジンやネットサービス企業はすでに世界一〇大サイトにランクインされている。アクセス率は高く、四半期の広告収入は数千万ドルに達している。もともと有名な女優がブログでさらに大儲けしているような時代に突入しているのだ。五年後のネット普及率は三〇パーセント、ネット人口は四億人と予想されている。

もちろん、光が強ければ闇も濃い。出会い系サイトを通じての殺人事件や、ゲーム中毒、個人情報の暴露など、新たな社会問題を引き起こしてもいる。また、ネット警察の厳重な管理という中国ならではの問題もあることを付け加えておこう。

⑦技術水準はまだまだ低い

ハイテク産業の分野は先進国に比べてレベルが低く、日本と比べると二〇年か三〇年ほど遅れている。また急速に整備されつつあるとはいえ、交通インフラの遅れも、東京の交通環境と比べると遅れが非常に目立ってしまう。特に鉄道整備では、運行システムや快適性などあらゆる点で明らかに中国と日本には大きな差がある。

カルロス・ゴーン率いる日産が中国に進出した際、中国のパートナー企業について「中国側は土地と労働力を提供しただけで、製品の品質向上にはあまり貢献していない」と語った。この発言は中国国内で大きな反響を呼び、国産自動車産業の見直しが始まった。家電製品やコンピュータ産業などもそうで、外資系企業に追いつくことを目的にした体制づくりに入っているところだ。

改革開放以降、安価な労働力を求めて、多くの海外企業が入ってきて生産したので中国は一大生産工場になった。しかし国内の製造業が大きく発展したというよりも、外資企業に資金的にも技術的にも引っ張ってもらう形で発展してきたような状況だ。中国の輸出の六割は外資系企業によるもので、中国のGDP急拡大や外貨準備高の急増も、実はこれら海外企業のおかげである面が強い。

中国は「世界の工場」と言われているが、当の中国人は「あれはほとんど外資企業で、中国とは関係ない」と冷めた目で見ている。自国の優秀な技術を背景に輸出拡大を続けた日本とは根本的に異なるのだ。従って、自国産業を発展させることと内需を拡大することこそが最も急がれる課題である。

中国は産業革命期のイギリスや戦後の日本に比べればまだまだシェアは低い。鉄鋼の生産量は世界一だが、種類は少なく、品質も劣悪。輸出項目は多いが、その付加価値は決して高くないのだ。農産物などは、今度の毒ギョーザ事件などもあり、ますます輸出が難しくなっている。本当の世界工場になるには、製品や生産物の質を向上させなければならない。

私の友人で中国の家電メーカーとしてはナンバー2のハイセンス（海信）のCEOをやっている周厚健《しゅうこうけん》氏という人がいる。彼によると、中国の製造業の国際競争力はまだまだ低いと言う。日本製と比べても優れた部分はあるのだが、やはり日本人は自国の製品を買うし、冷蔵庫など中国の家電はいくら安くしても勝てない。中国の家電や自動車などは、日本市場に食い込むにはまだ五年から一〇年はかかる。中国では「日本は貿易鎖国だ」という反発の声もあるが、自らの製品の付加価値を上げなければ日本企業には勝てないだろう。

ちなみに、ハイセンスは家電分野では、売り上げ一六〇億元のうち利益はわずか四億元に過ぎないという。そこで周氏は科隆という企業を買収してハイセンス不動産を作り、そこから資金を調達している。中国メーカーがまだまだであることを示すエピソードではある。

⑧「小さな政府」で市場経済化できるか

もう一つ、中国の直面している問題として、「小政府・大市場」への移行が挙げられる。今までは経済への政府の関与が強すぎて、市場が公正に機能せず、結果的に自由な経済競争が行なわれないできた。

社会主義を標榜しているのだから当たり前と言えば当たり前なのだが、改革開放経済に向かう現在では、もうそうした政府機能のアンバランスさは許されない。政治が市場経済の公正さを阻害しないようにしなければならないのだ。

何度も言っているが、中国は市場経済というよりも「市長経済」だ。コネやワイロが横行してチャンスの平等もない。これでは自由競争など望むべくもない。現代中国は政治民主化、市場経済化、社会制度の整備、いずれもまだまだ未成熟である。政治の民主化と社会制度の整備を進め、市場経済の発展を実現することが急務だ。

⑨絶望的な貧富の差

貧富の格差も避けては通れない課題だ。沿岸部と内陸部の経済格差は開くばかり。「海の中国」と「山の中国」と俗に言われているが、確かに海の中国は豊かで七五〇〇万人ぐらいの人口がリッチマンと言われる収入レベルになった。しかし山の方は貧乏だ。

中国には、先進国の何十分の一の安い賃金で3Kの労働に従事する農村からの労働者が無数にいる。農民問題の改善、賃金レベルのボトムアップ、労働者の権利保護など、総合的な厚生福祉の度合いを高めていかなければ、どこかで民衆の不満は爆発するだろう。

それにしても、なぜ中国の労働問題はこんなに複雑で根深いのか。それは日本人には想像もできないことだろうが、中国では、農民と都市住民とでは戸籍が異なり、農村部の住民は自由に都市に仕事で入り込めないとか、農民は医療保険に加入できないなど、様々な社会福祉上の問題があるのだ。それでも現在、「民工」と呼ばれる都市に流入した出稼ぎ農民は一億四〇〇〇万人にものぼるとされ、劣悪な条件下で働いている。この膨大な労働者たちの待遇改善が急務となっている。

これからは胡錦濤の「和」の世界の建設が基本だ。二〇二〇年までに〇〇年比でGDP四倍増を目標にしているが、実現すれば、経済「規模」はほぼ日本と肩を並べて、経済「レベル」は中進国並みになる。しかし、平等社会と公平さを実現しつつ経済発展を続ければ、指標が示す以上に実感としては豊かになれるだろう。

三〇年間の改革開放で沿岸地域が先に豊かになった。チャンスが与えられて「海の中国」はどんどん繁栄したが内陸の方は全然駄目になった。九九年に西部開拓大計画が唱えられたが、江沢民時代が終わって、今度は東北三省の大開発を打ち出したため、すでに大量の資金と人材は西部よりも東北に流れている。

西部は資金や人材ではなく、むしろ市場の発達が遅れている。原因は、政府が資金配分を独占していることで、資金配分の主導権を政府から市場に移転していく必要がある。南北問題もある。南の繁栄と比べると東北もまだ遅れている。ここ数年で東北に力を入れ、李克強が五〇〇〇億元を投下し、今すこしづつ良くなっている。

しかし国営企業は、社会負担、余剰人員、負債という歴史的なマイナスの遺産を背負っている。社会負担というのは、企業があらゆる公共事業を抱えていることで、東北三省の国有企業は、小学校、病院、託児所、公安、検査、裁判所を抱えている。李克強の改革によって東北の社会事業は企業と切り離されて、社会振興策が成功している。東北開発が進み、渤海湾経済がつながって、北から南まで海の中国はすべて繁栄の地域になった。

こうした先例に学んで、「山の中国」を富ませていかなくてはならない。

⑩二〇〇〇万人を越える都市部の失業者

先日の全人代で、胡錦濤と温家宝は「失業者問題と貧富の格差問題が、胡政権の最大最後の問題だ」と語った。失業者や農民たちなど、やはり過剰労働力は悩みだ。

都市部の失業者は一説には二〇〇〇万人を超えている。都市の失業率がこれほど高くなると国民の不満はどんどん溜まっていく。労働人口が絶えず増加するところに、計画経済から市場経済へ転換したため、雇用体系が激変している。

全人代では、出稼ぎ労働者に対して有利な、労働に関する法律を定めたが、焼け石に水の状態だ。彼らは働き口を求めて都会に出稼ぎに出ているが、伝統産業の崩壊と技術革新による効率化で中国人は人員が削減され、多くの失業者が出ている。さらに国営企業の雇用能力は低下、国有企業の倒産が伴って、人口はあるがそれを吸収できる資本がない状態なのだ。

中国は失業大発生の一方、技術労働者が足りないという矛盾を抱えている。政府は職業訓練などにおいて、労働力の質の向上を図っている。

中国人口が増加することは今後も引き続き社会の大きな課題となる。新生児は年間一八〇〇万人、一五歳から五九歳までの推定人口は少なくとも二〇年まで増え続け、今より一・二億人多い九・四億人になると予想されている。八％以上の経済成長を保つことで、やっと八〇〇万の就職チャンスを提供できる計算だ。

⑪自然環境と調和は可能か

環境問題も深刻だ。中国はどこに行っても、山なら山の環境問題、水なら水の環境問題、ゴミならゴミの環境問題がある。中国では毛沢東時代から自然と戦ってきて、自然の形態を破壊してきたため、こうした問題がどうしようもないほど起きている。

日本の高度成長期に発生した環境公害問題についても、中国は無関心だった。九〇年代も、中国政府は経済生活水準の向上を最優先と考え、環境破壊の深刻さについては正しく認識していなかった。

その結果、中国は二一世紀に入ってから歴史上かつてない環境破壊に直面することになった。一つは砂漠の拡大である。毎年、一〇〇〇万トン（一説によると四〇〇〇万トンとも）もの黄砂が日本に飛来している。中国の西の方は昔から広大な砂漠地帯が広がっている。その面積が毎年三〇〇〇平方キロというスピードで拡大している。このままでいけば、北京は三〇年で砂の都になる。

砂漠化の原因としては、旱魃《かんばつ》などの自然現象もあるが、人的要因がやはり一番大きい。その一つが家畜の過放牧である。過放牧により、一部の草原はかつての三倍以上の負担がかかり、五〇％以上が草の生育率低下を招いている。

砂漠化防止対策としては、農耕を止めさせて樹林を復元させることを進めているが、なかなかすぐには結果が見えない。新疆ウイグルではすでに四七・七パーセントが砂漠化され、砂嵐の直接的な経済被害額は毎年四〇億元になっている。北京や天津は「防砂林」という砂を防ぐ林を作っているが、なかなか上手くいかず、黄砂が日本やアメリカまで飛んでいる。

砂漠化の防止に加え、水資源の質と量の確保が、二一世紀中国が直面する一大難事業である。中国の歴史は治水の歴史とも言える。古代は川の氾濫によって生じた社会動乱がしばしば王朝の交代劇に発展してきた。現在も川の氾濫を完璧に抑えるのが困難であることに変わりはない。工業化の急激な進展に伴い、用水・排水量の増加によって、水質汚染、水不足の問題が発生している。

北京でのガン患者はほとんど自然環境の影響でガンにかかっていると言われる。患者の八〇％はそうだというのだ。中国全土を流れる川の水の八〇％はまったく飲めない。中国は水が足りず、黄河が枯れて、揚子江から北京まで水を引っ張る「南水北調」プロジェクトがスタートしている。スタートはしているが、旱魃もあったりで、揚子江の水がどの程度北京に送れるか、またいつまで続けられるかが問題となっている。

今は生態系の改善に大きな力を入れているが、これから進む地方開発では、「先に経済建設、それから環境改善」という従来方式ではなくて、最初から生態系・環境保護を重視する方向になってきた。これを公式に取り入れて、南部地域の方では環境改善プロジェクトをスタートする。

もう一つ、大気汚染対策も強化している。北京は今年、オリンピックに向けて自動車の排気ガスの管理を急ピッチで進めている。北京に入るトラックの車を減らして北京オリンピックの無事開催のために努力している。

政治大国から経済大国へ「中国蜂起《ほうき》」の時がきた

ここまでは、中国社会の変貌、その光と闇を紹介してきた。ここからは、彼ら自身が描く長期ビジョン、国家発展の青写真を俯瞰《ふかん》していくことにしよう。

中国はすでに政治大国だが、さらに経済大国への道を目指して走り出した。今のところ、二〇二〇年までに、「小康」という「多少ゆとりのある社会」を実現して現代化の基礎を固めるというビジョンを示している。これまで指摘してきた様々なマイナス要因を改善できれば、中国は今後の数十年間で必ずや世界一の経済大国になるはずだ。

中国はいま、全世界に「中国蜂起」というスローガンを打ち出しており、外国に侮《あなど》られないような最強国になりたいと願っている。中国は九〇年代の半ばごろ、アメリカに対して「中国の発展は他国の脅威にはならず、平和的に行なわれる」とする「平和蜂起」という理論を出しているが、その「平和蜂起」論が「中国蜂起」論となり、微妙なニュアンスの変化を見せているのだ。

この「中国蜂起」の含意は、「偉大な強国、偉大な民族になる」ということだ。中国蜂起を実現させるためには条件が必要だと中国人は考えている。それはズバリ、軍事力を中心に国家領土と戦略的利益を維持するための手段を持つということだ。「平和」という顔の裏に、やはり武力が潜んでいる。衣の下に、鎧《よろい》が見えているのである。

強大な軍事力を大前提とし、その上に健全で持続可能な仕方で経済発展を成し遂げること。これを果たしてこそ「強国」と呼び得る。中国大国は面積も日本の二五倍、人口も一〇倍で、国土面積からすれば大国だが、経済規模から見れば、日本と比較にならないところがまだ多くある。一刻も早くそれを逆転させるのが中国人の悲願である。

強国への道——胡錦濤の「科学的発展観」路線

ここまで見たように江沢民時代に加速した、格差拡大、資源枯渇、環境破壊などの成長制約要因は危機的水準に近づいた。その意味で、江沢民時代はマイナスの遺産を多く残している。胡政権はその軌道修正に努力しているところだ。

胡錦濤と温家宝は新たな「強国」へのアプローチの仕方を提示している。それは「科学的発展観」と呼ばれるもので、胡錦濤政権の新しい思想というよりも、これから引き続いて、第五世代の習近平と李克強にも踏襲されていく路線である。

単に経済成長だけを追及するのではなく、科学的な観点に立ち、あくまでも人を主体にして、人をもとにして、社会全体の調和を考えた持続可能な発展観を確立していく。経済と社会と人とが調和した全体的な発展を進めるという考え方だ。

私の見解では、この「科学的発展観」は、ここ十数年間の発展の総仕上げとして登場したものだ。

第一期は鄧小平による「改革開放」で、生産力の解放と発展を目的としていた。鄧小平は先に豊かになれるところから豊かになることを肯定する「先富論」によって深圳や上海などを改革開放した。これによって珠江デルタという経済圏が形成された。

第二期は江沢民の仕事で、先富論を継承し、改革開放をさらに進めて長江デルタと上海浦東《ほとう》地区の開発を行った。富裕層を形成して中国の手本を作ろうとしたのだ。

第三期の胡錦濤は、「科学的発展観」で発展の全面性・協調性・持続可能性を強調しており、これは共に発展し幸福を分かち合おうとするものだ。胡錦濤は和諧社会を唱え、中華人民全員で新しい経済世界をつくろうとしている。中華人民、特に台湾人に対して「一心同体で努力し、大中華民族同士の関係改善を図り、その発展を共に推し進めてゆくならば、そこに中華民族の大きな希望がある」とメッセージを送っているのだ。もちろん、台湾はそれを罠と見ているだろうが。

経済大国化への長期ビジョン

経済大国へのシナリオとして、現在中国はどんなことを考えているのだろうか。

中国政府の〇〇年から二〇年までの平均成長率の計画は、七・二％を多少上回り、二〇年間でGDPの四倍増を達成させるというものだ。その後の三〇年間でさらにGDPの四倍増を達成、その間の成長率は四・七％と弾いている。

現在、〇八年だが、充分それをクリアできるペースで進んでいる。二〇三五年前後にはGDPの予想値は一〇兆ドルを超え、二〇三七年にはアメリカに追いついている計算だ。

中国は単に経済規模だけではなく、質の面からも「経済大国」予備軍に相応しくなるよう、経済の「現代化」という精密なプロセスを描いている。国家戦略を描くことが苦手な日本とは、大きな違いだ。

中国の「第一現代化」を実現するのは、二〇一五年前後で、先進国レベルの工業化、都市化、福祉化、民主化などを実現するというものだ。

「第二現代化」は、情報化、知識化を特徴とするプロセスである。このシナリオから見れば、二〇年までには、第一現代化の成熟期に入り、五〇年までが第二現代化の発展期、八〇年までは第二現代化の成熟期に入るという長期的計画だ。国内の先進地域はすでに中国は第二現代化に合わせて、知識革新、知識情報の普及、知識産業、ハイテク産業、教育産業、情報技術産業などの分野を重点的に強化し、グローバル化、都市分散、生態系保護などを推進している。

いかがだろうか？　中国人とはここまで長期的な計画を立てて戦略を組んでいく民族なのである。では、中国はいつ彼らの目指す「強国」になるかというと、二一〇〇年が一つの目安となっている。中国は本気だ。その証拠に、二〇二〇年にＧＤＰを現在の四倍にするという目的達成のために本をたくさん出版している。書店には、「二一〇〇年に先進国になる」という本がずらっと並んでいるのだ。

中国脅威論の払拭《ふっしょく》

国際社会では依然、中国脅威論が根強く、中国としては、平和台頭、平和発展、平和軍、これらを全面に出さざるを得ない現実がある。和諧社会の理念にしたがい、世界の国々との相互依存を深めて、ウィン‐ウィン体制を築くことが中国にとってもプラスになるはずだが、さて、そうした行動をこの国がとれるかどうか。

ここで注目すべきは、経済力や軍事力といったハード・パワーの方に偏っている現状を改め、外交力、文化力などのソフト・パワーを意識的に強化していこうという動きが出ているることだ。とはいえ、「強国」実現のためには、経済成長を確実にすると共に、米国支配に対抗し得る軍事力を持つことが不可欠だと考えてはいるが。

例えば中国政府は、伝統文化、映画、料理、漢方薬などを積極的にアジア諸国に発信することに加え、中国各地で国際モーターショーを開催したり、中国への留学生を積極的に受け入れたりしている。日本からも大変な数の学生が留学している。

また、世界中に中国文化を普及させるために、五〇〇校もの孔子学院を世界各地に作りはじめている。これはソフト・パワーの象徴の一つだ。私は孔子の子孫として、『論語』を普及させるということを去年、中国孔子学院に提案していたが、今年許可が下りた。これまでは「孔子学院」と言っても中国語の勉強が中心だったが、中国の国学古典の研究もカリキュラムに含めて、それを全世界に普及していこうとしている。

このように、現在のところ中国は外交面で平和的な発展を掲げ、文化を強調して国際社会に安心感を与えようと意図している。

大中華への回帰――軍暴走の可能性

それだからこそ、今回のチベット騒乱の問題は、胡錦濤政権にとって〝打撃〟だったのだ。

今回の事件は、やはり中国が相変わらずの強権国家であることを内外に印象付ける結果となった。イメージ戦略とは異なる中国の現状はいかなるものなのか。

日本は明治維新で改革開放に踏み切り、富国強兵に邁進して大国の仲間入りを果たした。しかし軍が次第に強大化して、そこに世界恐慌が重なって危機感が高まり、軍の暴走を許してしまった。中国も開放以来、富国強兵を国是とし、高度経済成長を続け、世界有数の軍事力を持つに至った。

ここで仮に、世界経済が悪化して中国経済も失速することになれば、人民解放軍はどう出るか、考えてみよう。

私がみるところ、軍にはまだまだ、毛沢東や鄧小平時代の昔ながらの考え方が残っている。つまり、「最後は銃がものを言う」という考え方だ。

その意味では、経済が行き詰まり、食えなくなる人が急増して不満が高まっていったときに、戦前の日本と同じ道を歩まないとは言い切れない。中国と台湾の戦争、チベットやウイグルとの大規模な紛争といったことも起きないとは断言できない。

中国の国是は「偉大な中華民族の復興」「大中華への回帰」である。それには台湾統一と少数民族独立運動の沈静化が欠かせないと彼らは考えている。この点は、共産党も政府も軍も一致している。台湾については、アメリカの出方次第では人民解放軍が強硬手段に出る可能性もある。台湾問題に絡んで、アメリカへの対決姿勢を強めることもありえなくはないだろう。

まだ遠い民主化の実行

最後に、やはり民主化の進展こそが中国にとっては最重要課題だ。改革開放以来、三〇年近く高度経済成長を続け、国民一人当たりGDPは二〇〇〇ドルを超えた。中間層が急増した中国は、民主化などの政治的要求が高まる段階に入っている。

これにどう対応するか。これこそが習近平と李克強らの未来の政府にとっての最大課題となる。胡錦濤は三月の全人代で、民主化については「とりあえず私の時代は議論しない」と明言した。〇六年、胡錦濤がアメリカを訪れた時、彼は声明の中で「民主主義はすばらしいものだ。しかし国によってあり方は違う」と語った。民主化そのものは肯定しているが、中国に関しては今は時期尚早だと考えている。

現段階では、地方政府レベルで直接選挙が試験的に導入されているが、一党独裁を維持しなければ中国は崩壊するという考え方を中国の上層部は崩していない。そうであるとすれば、選挙の一般化や民主化の早期実現はなかなか難しいだろう。

もちろん、外国から見た中国社会の正当性を測る度合いの一つは「民主主義の進展」ということだろう。ただ現実には、民主化に対しては中国国内では反対論も根強いし、特に軍では反対が強い。

中国人民日報の論説では、「資本主義の道を歩み、多党制を支持するのは誤りだ」とつい去年も述べられたばかり。「これは欧米による平和に過ぎず、社会主義政権を転覆しようとするものだ。共産党一党独裁を排して多党制を実現すれば、現在のような支配網を敷く必要がなくなるという考えは誤りだ。かつてのソ連が良い例だ。ソ連崩壊後、独立国家共同体となったが、西側や周囲が期待したものはほとんど得られなかった」と論説は続けた。

その上で論説は、「中国の政治政党は、共産党の下での多党合作と政治協商制度である。これは、独特の歴史的条件の下で形成されたものである。十数億を指導している共産党がなくなれば、再び国家は分裂して、数千年かけてつくりあげた文明体が再び存在することはできなくなる。その悲惨さはソ連を見ればよく分かる」と国民を〝教育〟している。胡錦濤政権の五年間では、民主化を模索することはできるが、実行はまだできない。

「大中華経済圏」の構築――日本はどうするのか

中国の台頭によってアジアの経済はダイナミックに変わりつつある。九〇年、日本と中国のＧＤＰの差は九倍だったが、五年前は三倍となり、ゴールドマン・サックスの予測によれば、二〇一六年ごろに逆転する可能性が強いという。

今、中国のネットでは次のようなことが盛んに言われている。「本当のアジアの強国は中国だ。今はかろうじて日本がリードしているかもしれないが、二一世紀には中国はアメリカをも越える世界最大の経済大国になる。軍事、経済、政治、文化からなる強国の要素を考えると、今は日本の後塵を拝しているとしても、中国はその次について猛追している。日本はとにかく政治が弱い。中国は核戦力を有しており、国連常任理事国でもある。その意味では政治大国だ。これらを考えるとアジアで中国が潜在的な最強国である」と。

もちろん、「日本は総合力で一番であり、科学技術や教育は日本に学ばなければいけない。中国は遅れている」という意見もある。しかし、アジア経済が中国依存を高め、この地域の産業構造を変え始めている現状の前に、こうした冷静な声はかき消されつつある。

これらの強気な議論は、中国と日本のライバル関係を物語っているとも言えるし、中国人が日本に対してコンプレックスを抱いている証拠とも言えるかもしれない。ただ、いずれにせよ、隣り合わせの大国どうしが影響を及ぼし合わないはずがない。

中国経済の拡大が日本に与える影響はどのようなものだろうか。中国が「世界の工場」として存在し続ければ、中国と互恵関係にある日本経済もまた浮上するという意見が強い。以前までは「政冷経熱」といわれたが、「政熱経熱」という両熱の関係になっていくかもしれない。日本の株式を中国人投資家が保有することも多くなるだろう。

両国の経済関係が強まれば、どんなに中国脅威論があろうとも、やはり中国なしでは日本は生きられなくなる。

中国台頭論は日本だけでなく、アジア諸国でも起こっている。かつてアジア諸国は、対米輸出の動向に左右されていたが、今ではアメリカが風邪を引いても、対米輸出の伸びの低下を中国で補うことができるようになった。良くも悪くも中国はアジア経済の運命を握り始めた。中国への直接投資も急増しているところで、アジアからの投資は全体の六割前後を占めている。

もう一つ、拡大する中華経済圏の存在がある。中国本国に香港、台湾、シンガポールを加えた「大中華経済圏」で見れば、もっとダイナミックな大きなうねりを見せている。二〇〇五年の中国のＧＤＰは二兆二七八四億ドル、日本は四兆五五四〇億ドルで比較すると約五〇％だが、大中華経済圏全体でみると二兆九一一八億ドルとなり、存在感が高まる。

外貨準備高だが、〇六年は中国だけで日本を上回るに至った。また、港のコンテナ貨物取扱量のランキングで、一位はシンガポール、二位は香港、三位は上海、四位は深圳、五位は釜山、六位は高雄と続き、日本の港湾は一〇位以下である。香港は世界各地の中継港としてだけではなくて、金融インフラが充実したアジア太平洋地域の金融センターであり、中国南部の表玄関、河南経済圏の中心として欧米企業のアジア展開拠点として役に立っている。先の三地域は、経済的には既に昇竜中国の手足のような様相を呈している。

そしてこれから台湾と中国との関係が強くなれば、名実共に大中華経済圏が現れ、その経済圏がアメリカ一極支配に対抗するための足場づくりとなるだろう。

ここまで見れば分かるはずだ。日本が中国の影響下から逃れようはずがないことが。習近平と李克強の時代、中国は、そしてアジアは大きく変わる。日本はそのとき、どうするつもりなのだろうか。

エピローグ——孔子の復活

○八年の全人代で、胡錦濤国家主席は、山東省曲阜《きょくふ》にある孔子廟を、三〇〇億元をかけて整備する計画を発表した。政治の北京に対する、「文化副都」「聖城」として中華文明のシンボル・シティにする狙いだ。反対もあるが、山東省書記・姜大明《きょうだいめい》は胡錦濤の右腕であり、断固としてこの計画を推進する構えだ。

これらは現代中国から失われた礼儀やモラルといった価値観を復活させ、人々の精神性を向上させるという意味がある。儒教発祥の地である中国だが、現在は人々に道徳的教育を施す場所が失われて久しいのだ。

また、外に向かっては「中華」という魅力あるソフト・パワーを押し出し、海外との精神的紐帯をつくる狙いがある。これには「民族主義の宣伝道具に過ぎない」との批判もある。しかし、すでにアジア六四カ所、アフリカ一六カ所、ヨーロッパ七三カ所、アメリカ五一カ所と、世界各地に「孔子学院」が設立されている。胡錦濤は真剣なのだ。

○八年には日本の早稲田大学に孔子学院が設立される。その際、二〇〇八年にちなんで二〇〇八ミリの孔子像が寄贈される。こうした動きは、孔子直系第七五代の子孫として感慨深いものだ。特に、現代中国での孔子に対する毀誉褒貶《きよほうへん》(二〇世紀だけで孔子は二回徹底批判された。特に文革時代は孔子廟が焼き払われたりした)を思うとなおさらである。

私の父・孔繁宗《こうはんしゅう》

先日、私は父の納骨儀式のため、故郷である山東省に帰省した。当日は、山東省政府や曲阜市の人民政府から書記や省長が参加し、大規模な儀式となった。

ここで、少し父のエピソードを語らせてもらいたい。

父は孔子直系第七四代で孔繁宗《こうはんしゅう》という。十四歳で人民解放軍入りし、衛生員として国共内戦に従軍した。ある戦闘で、所属する大隊が全滅するということが起こり、一人命からがら、足を血だらけにしながら上海へ逃亡した。上海では彼の父（私の祖父）・孔慶功《こうけいこう》が高校で古典を教えていたからだ。

その後、再び人民解放軍に入ることを決意する。今度はソ連の援助で創設された潜水艦学校に入り、栄《は》えある第一回潜水艦部隊に配属された。そこでの勤務は模範的であり、海軍で見習うべき人物に与えられる「海軍学習標兵」の栄誉を受けた。五九年には国慶節における行軍パレードの旗持ちに抜擢されるなど、父の人生はまさに順風満帆、輝いていた。その後、上海海軍司令部に配属されることとなった。

しかし、父の人生はその後、狂い始める。きっかけは、とある女性からラブレターをもらったことだった。ところが、その女性には婚約者がいたのだ。同じく海軍軍人だったその婚約者は二人のことを上官に密告し、そこで父は左遷されることになってしまったのである。

ここで父の出世人生は終わりを告げ、失意の後半生を送ることになる。孔子の子孫がたった一通のラブレターのために人生を破滅させてしまったのだ。

私はこの父から非常に厳しい教育を受けたが、父はいつも沈痛な面持ちをしており、明るい表情を見た記憶は一度もない。反対に、祖父は明るい性格で、町の人々の風水や生活の相談にのっている地元の名士だった。父はそのまま人生に光明を見出すことなく三年前に他界した。

私は現在の国家規模での孔子復興の動きを見て、これがせめてもの父への供養になればと思っている。儒教的精神や文化を愛する心が広まり、「和」「仁」「義」といった価値観で中国の人々の心が豊かになり、世界が結びついてゆくならば、孔一族にとってこれに優る喜びはない。

人間には、心の幸福と社会の発展の両方が必要である。儒教がパワーゲームの単なる道具ではなく、本当の精神的な軸となり、中国が胡錦濤の目指す和諧社会建設という方向に進むなら、真に平和で安定した国家を創造してゆくことも不可能ではないだろう。それがひいてはアジアの安定、そして世界の発展に大きく貢献していくことを私は疑わない。

エピローグ　孔子の復活

著者プロフィール
孔健（こう・けん）
1958年、中国青島市生まれ。本名は孔祥林、孔子第75代直系の子孫。チャイニーズドラゴン新聞社編集主幹・孔子塾主宰。山東大学日本語科を卒業後、中国画報に勤務。85年に来日、中国画報社駐日総代表として活躍する傍ら、上智大学大学院新聞学博士課程修了。現在、中国画報協会副会長・NPO法人日中経済貿易促進協会理事長・孔子文化大学教授。日中問題のコメンテーターとして、テレビ、新聞、雑誌などでも活躍。近著として、『痛快!新論語学』（集英社インターナショナル）、『上海没落　北京勃興』（ビジネス社）、『中国が永遠に日本を許さない66の理由』（日本文芸社）、訳書として『論語力』（于丹著・講談社）などがある。

ネクスト・エンペラー
中国「新三国志」

2008年5月6日　初版第1刷発行

著　者／孔 健
発行者／本地川瑞祥
発行所／幸福の科学出版株式会社
〒142-0051 東京都品川区平塚 2-3-8
TEL.03-5750-0771
http://www.irhpress.co.jp/

印刷・製本／中央精版印刷株式会社

落丁・乱丁本はおとりかえいたします

ISBN978-4-87688-603-6

幸福の科学総裁 大川隆法 ベストセラーズ

最新刊

アイム・ファイン

自分らしくさわやかに生きる7つのステップ

この「自己確信」があれば
心はスッキリ晴れ上がる！
7つのステップを通して
笑顔、ヤル気、タフネス、人間的魅力が
あなたのものに。

定価1,260円
（本体1,200円）

生命《いのち》の法

真実の人生を生き切るには

「いのち」はなぜ尊いのか!?
生きてゆく心がけ、自殺を防止する方法、
いま必要な「魂の教育」、人生の意味――。
生命の尊厳を見失った現代人に贈る、
法シリーズ第13作。

定価1,890円
（本体1,800円）

感化力

スキルの先にあるリーダーシップ

いつの時代も、人を動かすリーダーに
求められている感化力。
人の心は、いつ、どのようにして動くのか。
何が人を生かし、組織を伸ばすのか――。
実績に基づく愛と智慧のリーダー学。

定価1,575円
（本体1,500円）